オルフェーヴル伝説

世界を驚かせた金色の暴君

小川隆行＋ウマフリ

星海社

327

SEIKAISHA SHINSHO

はじめに

２０１０年代、規格外の三冠馬が世界を驚かせた。

２勝目までに四度の敗北を喫しながらも、重賞初制覇からは怒濤の連勝。クラシック三冠と有馬記念を制して年度代表馬に輝いた。史上7頭目の三冠馬、オルフェーヴルである。

圧倒的な強さを見せつける一方で、ゴール後に騎手を振り落とす、レース中に逸走するなど、その破天荒な振る舞いからも注目を集めた。歴代最高クラスの才能、そして賢さゆえの個性溢れるキャラクター性。今回は走るのか、それとも走らないのか。凱旋門賞では二度の2着、ラストランの有馬記念では8馬身差の圧勝。国内外のファンを、関係者を、常に驚かせ続けた。この馬が一番強いとわかっていても、最後の直線まで目が離せない。驚くような負け方をしても、完璧な勝ち方をしても、どこか納得させる不思議な魅力があった。

オルフェーヴルは、果たしてどれほどまでに強かったのか。

関係者や当時のメディア、そしてファン目線から、稀代の名馬オルフェーヴルの強さ、そして魅力に迫りたい。

目次

第二部

一族の名馬と同時代のライバルたち

第三部

オルフェーヴルを語る 118

写真／夏目伊知郎、フォトチェスナット、アフロ
本書中の表記は2025年2月現在のものです。

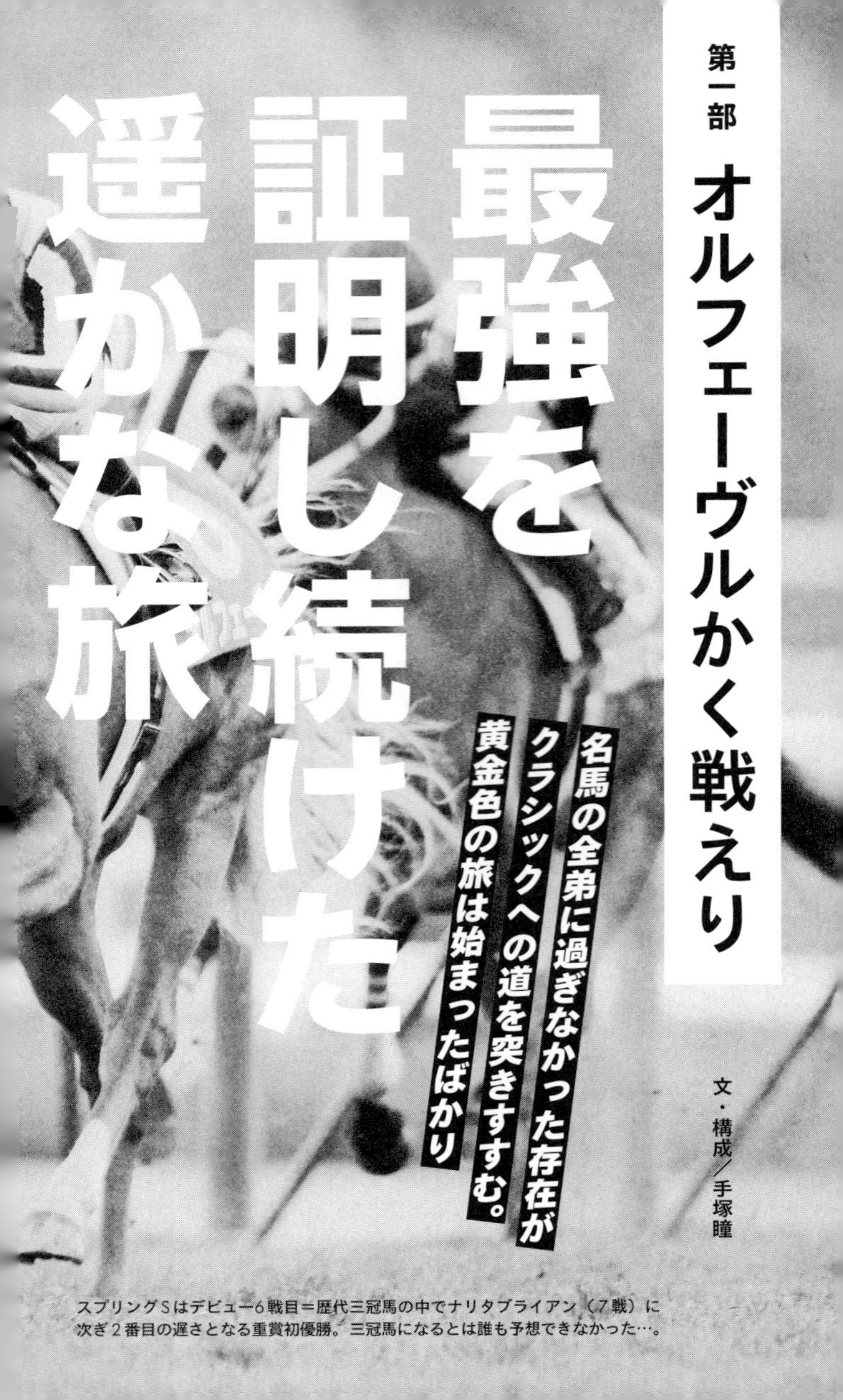

第一部 オルフェーヴルかく戦えり

最強を証明し続けた遥かな旅

名馬の全弟に過ぎなかった存在が
クラシックへの道を突きすすむ。
黄金色の旅は始まったばかり

文・構成／手塚瞳

スプリングSはデビュー6戦目＝歴代三冠馬の中でナリタブライアン（7戦）に次ぎ2番目の遅さとなる重賞初優勝。三冠馬になるとは誰も予想できなかった…。

2010–2011
新馬戦——スプリングS

奇跡の巡り合わせ

もしかしたら、オルフェーヴルはこの世に生まれていなかったかもしれない。

オルフェーヴルの父はステイゴールドだが、当初、母・オリエンタルアートの交配相手はディープインパクトを予定していた。ディープインパクトは種牡馬入り初年度の期待馬、後にオルフェーヴルを管理することになる池江泰寿調教師が自ら頼んでのことだった。

ところが3回も不受胎が続いてしまう。そこで白羽の矢が立ったのが、オリエンタルアートの初仔ドリームジャーニーと同じ配合、ステイゴールドだった。ドリームジャーニーはGI3勝、期待の持てる血筋。幸い、1回で受胎に成功した。

こうして2008年5月14日、奇跡の巡り合わせを経てオルフェーヴルはこの世に生を享けた。

サラブレッドとしては遅生まれだったため、仲間内ではいじめられっ子だった。しかし成長するにつれて次第に、「周りの馬には負けないぞ」という自我が芽生え始めていった。ついには威張り散らし、ちょっとでも嫌なことがあると、ゴネては蹴りまわすようになっていった。

1歳になった頃、ある男がオルフェーヴルの姿を偶然、目の当たりにしていた。その男こその後にコンビを組む池添謙一騎手だった。自らの騎乗馬を見に牧場を訪ねたところ、たまたまオルフェーヴルがいたという。池添騎手は直感する。

「いい馬かどうかはわからない。でも、将来乗れれば良いな」

その後2歳になったオルフェーヴルは兄ドリームジャーニーと同じ池江師の下に入厩する。この時池添騎手は自らオルフェーヴルに騎乗したいと志願した。

「先生、(新馬戦は)どこ使うんですか。僕、新潟でもどこでも行きますんで」

あの日出会っていなかったら、この時名乗り出なかったら、どうなっていただろう。

入厩後のオルフェーヴルは幼少期とうって変わって、大人しくてとても扱いやすい馬だったという。けれどそれも、最初の数週間だけだった。ゲート試験に受かった頃からオルフェーヴルは急にやんちゃなところを見せ始める。猫をかぶっていただけだった。幼い頃に身につけた自我が弾けた。主張は頑として譲らない。馬運車にも乗りたがらないし、洗い場にも入りたがらない。

GI馬の全弟という肩書もありデビュー戦は注目こそ集めたが、わがままはレースでも同様だった。パドックに出ればちっとも落ち着かない。担当者が一人で曳いていたが、急遽池江師も交えて二人曳きに。ゲートに入れば、他の馬を恋しがってヒーヒー啼《な》いてばかり。レースが始まってみれば、どこかふわふわしてばかり。

ところが残り400m、池添騎手がひとたび追うと突然オルフェーヴルは反応した。この時先頭は10秒5もの速いラップを刻んでいたが、それよりも速く追い上げ並ぶ間もなく一気に抜け出す。馬群を後方に置き去りにすると、ふいにオルフェーヴルは内ラチに向かってヨレる。池添騎手がそれを修正しようとしたところ、口元のハミ輪（本来は口の外に出ている部分）がオルフェーヴルの口の中に入ってしまった。1着でゴールしたはいいが、ハミ輪のせいで制御ができない。レースが終わったのに止まらない。それどころか加速を続ける。向正面まで好きなだけ走って、外ラチ沿いめがけて突進。池添騎手を放り出して、彼の右の手まで踏ん付けた。池添騎手は右手の甲を3針縫う羽目になった。

結局、口取りの記念撮影もできない始末。騎手に怪我をさせるなんて、と池江師は顔面蒼白だった。救急車で検量室に戻ってきた池添騎手は痛みに顔を歪ませながら報道陣に語った。

「抜けてからモタれたのは課題だけど、いいもの持ってます」（日刊スポーツ2010年8月15日）

破天荒で繊細な気性こそあるが、その底力は注目に値したのだろう。翌日の新聞で、オルフェーヴルの勝利は新馬戦にもかかわらず、「ジャーニー全弟オルフェ暴走V」（日刊スポーツ同年8月15日）と写真付きで大々的に報じられた。

後に稀代の名馬となるオルフェーヴルだが、この頃はまだ、名馬の気まぐれな全弟に過ぎなかった。

隣の馬が恋しくて

「オルフェーヴル連勝濃厚」「オルフェーヴル可能性十分」「オルフェーヴル能力を全面的に信頼」（東スポ同年10月3日）

「東スポ競馬」1面のあちこちにオルフェーヴルの名前がちりばめられた第2戦、芙蓉S。気性面の幼さはさておき、新馬戦の強い勝ち方は確かなもの。兄ドリームジャーニー譲りの瞬発力も見逃せない。ファンからも1番人気に支持された。

一方、池添騎手は返し馬から慎重に運んでいく。

「この馬は乗ったら最後、降りるまで気を抜くわけにはいかない」

しかしゲートに入ったオルフェーヴルはまたしても他馬を恋しがって嘶いてしまう。スタートすると先頭のホエールキャプチャがゆったりとしたペースを器用に刻み、自分の得意なレースに持ち込む。後に重賞を5勝する優秀な牝馬だ。ところがオルフェーヴルはこのペースにいら立ちを隠せない。挙句の果てには向正面で外へ逃げようとする。

ホエールキャプチャは余裕たっぷりに最終コーナーを先頭で駆け回り、自分のペースで先頭を守り続ける。後からついていくオルフェーヴルは新馬戦で見せた瞬発力を再び発揮し、他馬よりもはるかに大きなフットワークで飛んでくる。しかし終始自分のレースをこなしたホエールキャプチャには首差、僅かに届かなかった。期待の全弟は2戦目を2着で終えた。

——この数時間後、遠くフランスで行われた凱旋門賞で日本馬ナカヤマフェスタが2着になった。未だ日本馬が制していない世界最高峰のレース。一時は先頭に立ち、勝ち馬と頭差の大健闘に日本中が沸いた。この時オルフェーヴルは2歳、まだ他馬を恋しがって啼くような幼い馬。そんな彼が凱旋門賞を沸かすまであと2年を待つこととなる。

芙蓉Sの後、池江師はオルフェーヴルの次走に東スポ杯2歳Sを想定していた。

「東スポ杯を経て、ゆくゆくは兄が制した朝日杯FSを兄弟制覇したい」

ところが鞍上の都合が合わない。池添騎手は同レースで期待馬イイデタイガーに乗ることが決まっていた。ならば、と池江師は11月の京王杯2歳Sに予定を変更した。

池江師は後に、「京王杯を選んだことがオルフェーヴルにとってよかったのかもしれない」（優駿2011年11月号）と語る。東スポ杯に出ていたらきっとそこそこの競馬をして、賞金も加算できずクラシックにも出られなかったかもしれない。

それほどまでに京王杯2歳Sでのレースぶりは課題を明るみにするものだった。本番前は「全兄ジャーニー級」（日刊スポーツ同年11月13日）、「スパっと切れる全兄ジャーニーなみ末脚」（サンケイスポーツ同年11月13日）と兄を引き合いに高い評価を受けていたが、いざゲートに収まると、またもや他馬を恋しがって啼き出してしまった。そのままゲートが開いてしまってスタートダッシュに失敗、レースが進めば内ラチにへばりついて離れない。池添騎手は懸命に修正を試みるが、今度はそれに反発して引っかかる。冷静さを欠いたオルフェーヴルにはもう、直線で発揮する脚は残っていなかった。馬混みの中進路も見つけられない。いつもの力を出せないまま10着に大敗した。

性格が幼すぎるあまり本来の力を発揮しきれない。まずは自立心を育てないといけない。こうなってはもう、朝日杯兄弟制覇どころではなかった。そこでノーザンファームしがらきに放牧に出し、精神修行をはかることにした。群れの先頭を走らせ、あえて孤独な環境に身を置かせた。ゲートで寂しくて啼いてしまうオルフェーヴルには、苦しい修行だったかもしれない。でもこれが後に大きく効いてくると陣営は信じた。精神修行は年末まで続いた。

——さて、池添騎手が東スポ杯で騎乗したイイデタ

3歳初戦シンザン記念。鞍上が折り合いに徹してメンバー最速の上がり33秒5を記録するも2着。

イガーだが、不運にもレース中の事故でこの世を去った。オルフェーヴルと同じステイゴールドの仔。東スポ杯に出るほどの期待馬、もしかしたらライバルになっていたかもしれない。池江師は語る。

「謙一くんも僕も、オルフェーヴルが走るときはイイデタイガーの分までという意識でいます。（この後）急にオルフェーヴルが力をつけていったのも、あの馬が後ろで押しているからなんじゃないかと思っているぐらいです」（優駿2011年12月号）

自らの壁を越えられるか

「石坂師絶賛『すごいモノを持っている』」（サンケイスポーツ同年1月6日）

「牡馬相手も通過点　ドナウ堅軸」（サンケイスポーツ同年1月9日）

「展開不問ドナウ　生まれた時から桜を意識」（日刊スポーツ同年1月9日）

オルフェーヴルがレースから離れること2カ月、年明け始動戦のシンザン記念では牝馬ドナウブルーが注目を一身に集めていた。新馬戦は積極策、2戦目は後方からの切れ味勝負で完勝。ここまでの器用な2連勝は最優秀2歳牝馬をも脅かす可能性もあるという。一方のオルフェーヴルは新聞の隅に小さく、「若さは残るが重賞で通用する力はある」（サンケイスポーツ同年

1月6日）と数行に留まる。前走10着によるイメージダウンは避けられなかった。

オルフェーヴルは京王杯のような暴走を避けなくてはいけない。まず我慢を覚えないといけない。

迎えたシンザン記念、池添騎手は前有利の馬場とわかってはいたが、我慢のためにあえて後方で折り合いをはかった。直線に入れば確実に末脚を発揮、ドナウブルーをも退け2着を死守できた。決して悲観しなくてもいい。少しずつ折り合いを覚え始めている。

そして次戦のきさらぎ賞、ついにオルフェーヴルの大きな成長を垣間見ることになる。

道中は緩やかな流れとなり、やはり我慢できず行きたがる素振りを見せるオルフェーヴル。そして向正面半ばでトーセンラーが進出を開始、オルフェーヴルを脇目に捲り上げていった。つられてもおかしくない。我慢しなくてはいけない。ここでつられてしまったら、

3着に敗れたきさらぎ賞はウインバリアシオン（4着）と初対決のレースでもあった。

教えてきたことが台無しになる。

けれどオルフェーヴルはつられなかった。自分のポジションを守り、リズムを崩さずに走り続けた。3着にこそ敗れたが、池江師は確かな成長の手ごたえを感じていた。

「あそこで動くか動かないかが、その後の競走生活において大きなターニングポイントだったと思います」（優駿2021年10月号）

いずれは皐月賞、ダービーへ。

オルフェーヴルがクラシックに出るにあたり、意識しなくてはいけないのが出走権の獲得だった。クラシック初戦の皐月賞に出るには、賞金を加算するか、定められた前哨戦で優先出走権を獲得する必要がある。

この時点ではまだ収得賞金1200万円の1勝馬。そこで池江師が次に選択したのは3月の前哨戦スプリングSだった。

このレースは皐月賞の優先出走権を獲得できる最後のチャンス。朝日杯覇者グランプリボスも出走。一歩道中で危うくなれば、クラシック自体が危ぶまれる挑戦だった。

そんな矢先の3月11日、東日本大震災が発生した。震災の影響で電力供給などに課題を残す中山競馬場での競馬開催は難しく、例年中山で開催されてきたスプリングSは急遽阪神競馬場に変更となった。

皐月賞出走をかけた最後のレース。スタート後間もなく2歳王者グランプリボスが果敢に先行、積極策をはかる。オルフェーヴルは中団後方で折り合いを意識する。

この時、池添騎手は気付いた。今までのように行きたがるところはない。見違えるほどにリズムよく走れている。そのままオルフェーヴルは自分のペースを刻みながらも最後のコーナーに向かって畳みかけていく。グランプリボスが先頭を走る中、大外からオルフェーヴルが強みの大きなフットワークで飛んでくる。2歳王者を並ぶ間もなくかわし、誰の追随も許すことなくダイナミックな足取りで決勝線に一番で飛び込んだ。遅くなってしまったが、これが新馬戦以来の白星にして初の重賞タイトルにして、皐月賞への最後の切符を獲得できた瞬間だった。

これまでの努力がついに実を結んだのだ。

戻ってきた池添騎手は声を上ずらせて、「先生、完璧でした！　折り合い」と池江師に興奮気味に話した。そして続く囲み取材で嬉々として語る。

「比べるのはかわいそうだけど、ドリームジャーニーの弟じゃなくて、オルフェーヴルって言われるように頑張ってくれれば」

「ドリームジャーニーの弟」から「オルフェーヴル」へ。黄金色の旅はまだ始まったばかりだ。

2011
クラシック三冠
―有馬記念

史上７頭目の三冠馬となったオルフェーヴル。
父・母・母の父とも内国産である三冠馬は歴代８頭のうち唯一でもある。

突き抜けた皐月賞、雨を切り裂いた日本ダービーから、
地響きのような歓声に迎えられた菊花賞へ。
特別な年に、愛おしい三冠馬が誕生した

哀しみの時代の皐月賞馬

この年の競馬は、誰もが胸に複雑な思いを抱いていたに違いない。

東日本大震災の余波は列島中に広がり、日々の報道は心を痛ませた。復興は依然として進まぬ中、競馬のみならずすべてのエンターテインメントにおいても自粛の雰囲気が漂っていた。春の競馬は例年通り開催されるのか。そもそもこんな中で本当に競馬を行ってよいのだろうか。ファンや関係者には、そんな自問自答があっただろう。

それでも競馬は走り続けた。東京、中山、福島の開催は中止されるものの、競馬の世界は今できることに努め続けた。騎手たちは進んで競馬場で募金を呼び掛けた。震災で止まってしまった東日本での開催は4月23日から再開、中山開催が困難となった皐月賞も、例年より1週遅れて、東京の開幕週に開催することに帰着した。競馬界が一歩ずつ進んでいこうとする意志が、この年の皐月賞を特別なものにしたのかもしれない。

「戦国」（デイリースポーツ2011年4月19日）と評された出走馬たちは、前哨戦をそれぞれ異なる馬が制する混戦模様。「不安ナイト」（ナカヤマナイト・デイリースポーツ同年4月21日）「皐月賞もディープ産駒だ　桜マルセリーナの次はバラードだ！」（ダノンバラード・サンケイスポーツ同年4月22日）――出走馬のそれぞれが大きな見出しとともに報じられた。

とりわけ注目はサダムパテックだった。同馬は出走馬中唯一の重賞2勝馬。鞍上は全国リーディングの岩田康誠騎手。内枠有利の東京2000mで4番ゲートであることも後押しした。一方のオルフェーヴルは精神面が不安視され4番手評価に。それでも池添騎手は胸を張る。

「(京王杯10着について)その時とは体も精神面も違う。教えてきたことが身について、今のオルフェーヴルなら大丈夫」(サンケイスポーツ同年4月21日)

オルフェーヴルの変化は枠入りでも見て取れた。今までゲートでは他の馬を恋しがって嘶いていたのに、今回は嘶かない。スタートも普通に切るなどリズムよく走り、最内に取り付いてロスなく器用に最初のコーナーを回っていく。60秒3のスローペースが刻まれても、後方で自分のペースで走り続けられている。確かに成長している。サダムパテックはやや出遅れで後方寄りとなったが、枠順を活かして内目を器用に駆ける。

馬群は一団となり、迎えた最後の直線。この時、GⅠの大歓声が東日本に帰ってきた。そしてオルフェーヴルの目の前にふいに1頭分、プレイとダノンバラードの間にスペースが開けた。直後、向かって左側のプレイが外に膨らもうとする。悩むまでもない。そのままオルフェーヴルは隙間めがけて躊躇なく突っ込んでいった。かつての臆病で泣き虫なオルフェーヴルならば、こんなことできただろうか。そこに追随するようにサダムパテックも同じ進路を取った。しかしここからスパートするオルフェーヴルの鼻先まで誰が到達しようか。先頭に立ったオルフェーヴル。残り150mの地点で池添騎手は思った。

「この脚に追いつける馬はいない」（優駿同年6月号）

この時池添騎手は初めて東京の直線を短く感じながら、誰よりも早くゴールした。同じ進路を取ったサダムパテックは、オルフェーヴルまで3馬身と迫るのが精一杯だった。

3馬身差。これは過去30年を振り返っても、二冠馬ミホシンザンの5馬身差、三冠馬ナリタブライアンの3馬身半差に次ぐ記録だった。オルフェーヴルがこれらの名馬たちの蹄跡にたどり着くどころか、勢いそのままに追い抜かしていくまでもうしばらく待つこととなる。

泥まみれのヒーロー

しまった…。池江師は皐月賞での勝ちぶりを前に思わず漏らした。

「あまりにも強い勝ち方をしたので、馬を作りすぎたのかな、と感じました。（中略）ダービーに向けてもう少しおつりを残しておかないと」（優駿2021年10月号）

実際、力を出し尽くしたオルフェーヴルはダービーを前にしても状態が戻ってこない。しかし池江師は1週前追い切りを終えた池添騎手の驚きを聞いて安堵した。

「まだ上がりました」

驚異的な回復能力に舌を巻いた。かつての疲労感を微塵も感じさせない走りはダービーの最終追い切りでも変わらず、新聞の1面を飾るほど。併せ馬は菊花賞2着の先輩馬だったが、それほどの相手でもおかまいなし、直線で豪快に抜け出した。とはいえ池江師は慎重だった。

皐月賞は、すべてがうまくいきすぎたところもある。同世代筆頭のサダムパテックが出遅れるなど、ライバルたちが十分な力を発揮できなかったのも事実だった。

同じ頃、無情にも東京競馬場に季節外れの台風が近づいていた。雨で馬場は悪化し、ダービー前日のレースは内ラチ沿いを通った先行馬ばかりが勝つようになった。降り続く雨は緑色の芝生を深く黒く染めていく。このままでは得意の瞬発力が不発に終わってしまう。ところが同日の第8レース、同じ芝2400mのレースで外から一気の追い込みが決まった。池江師は一気に緊張感を高め、パドックで池添騎手に耳打ちした。

「いつものレースやな」「そうですね」

いつものレース――後ろで脚を溜め、直線で瞬発力を発揮する形で戦うことを決めた。

この時、他の騎手は誰も池添騎手に話しかけてこなかった。二冠の重圧を慮ってのことだろう。池添騎手はふと、若い騎手が談笑しているのが目についた。ダービーに出られて嬉しいのだろう。その気持ちはよくわかる。よくわかるが、同時に一つの思いがよぎった。

「笑ってるだけの彼らには負けたくない」

オルフェーヴルの背に跨った瞬間、ふいに池添騎手の緊張感が薄れた。ダービーとはいえ、オルフェーヴルの背は、いつもの背だった。

幸いにもオルフェーヴルはスタンドの異様な熱気にも動じず、無事にゲートを飛び出した。中団後方に位置取り、雨を切り裂いて走る。先頭はグングン飛ばして不良馬場ながら1分2秒台の平均ペースを刻む。2番手以降は大きく遅れて追走していた。オルフェーヴルは自分のペースで走れていた。左前にいた馬がヨレても、動じるでもない。

この時、ある不安が池添騎手の脳裏をかすめた。道悪を気にしているのか、やけに折り合っている。もしかしたら元気がないのかもしれない。一か八か、この不安を前に池添騎手はオルフェーヴルに小さく合図を送った。するとオルフェーヴルはすぐに反応した。慌てて、「ごめん、まだだよ」と抑え直した。本当に、上手に折り合っているだけなのだ。

迎えた最終コーナー。どこで外に出そうか。悩んだその時、向かって右側に柴田善臣騎手騎乗のナカヤマナイトが陣取ってオルフェーヴルをブロックしている。「善臣さん!」と声をかけたが、開けてくれるわけもない。仕方ない。ナカヤマナイトと左の1頭の間に開いたほんの狭いところを抜け出すため、一度脚を使って加速することにした。

このすぐ後ろにウインバリアシオンがいた。オルフェーヴルが内目で3頭鍔競《つばぜ》り合いをしているのを脇目に、楽々と外へ持ち出していった。池江師と池添騎手が確かめたように、外の差しが決まる馬場、ウインバリアシオンの勝機が見えた。オルフェーヴルは一度脚を使っている。脚色ではウインバリアシオンの方が勝っているように見えた。

ところがオルフェーヴルはこれに気付いたのか、雨を切り裂いて再び加速しウインバリアシオンを突き放した。着差を1馬身強に広げて、一番でダービーのゴールに飛び込んだ。

――池添騎手は、4年前に他界した叔父との約束を思い出していた。いつも自分を応援してくれていた叔父。葬儀の際、「GIを勝ったら天国を指さすね」と棺に約束していた。

レースを終え、向正面の方まで駆けていく人馬。池添騎手は約束通り、人差し指を天高く突き上げて、空を見上げた。これまで悩ませてきた雨が、天からの返

グレード制導入後2回しかない不良馬場での日本ダービーを制覇。
良・稍重・重・不良すべてで重賞制覇の三冠馬はこの馬のみである。

事のように顔に当たった。涙が溢れて止まらなくなった。そしてスタンドの方へ戻ってくる最中、ゴール板に「がんばろう日本！　日本ダービー」の文字を見つけた。池添騎手はそれを力強く指さした。

オルフェーヴルの黄金色の馬体はすっかり泥に汚れてしまった。「がんばろう日本」。心を痛め疲弊する日本を勇気付けたのは、まさにどしゃぶりの雨の中でも勇気をもって走り続けた、泥まみれのヒーローだった。

特別な三冠馬へ

オルフェーヴルは、神戸新聞杯を経て菊花賞を目指すこととなっていた。

しかし、ダービーで2着と迫ったウインバリアシオンも次走の神戸新聞杯に向けて好調だった。「最大の刺客バリアシオン　ひと夏越して射程距離」（サンケイスポーツ2011年9月21日）。ライバル筆頭も、「最大の刺客」と評するのに十分な成長を遂げていた。

ところが蓋を開けてみれば、ウインバリアシオンがオルフェーヴルに届く余地は全くなかった。オルフェーヴルの方がずっと成長していた。放牧先で一回り大きくなった馬体が躍動する。これまでにない前団からのレース運びも心穏やかにこなした。4コーナーでウインバリアシオンは外からかぶせにいったが、全くお構いなし。オルフェーヴルは池添騎手が軽く仕掛けただけで抜け出す。残り３００ｍは誰の追随も許さなかった。またしてもウインバリアシオンは2着にとどまった。「強すぎ進化V　菊へスキなしオルフェ」（サンケイスポーツ同年9月26日）「三冠馬誕生が現実味」（同紙）と新聞のあちこちに三冠の文字が躍った。

――三冠。これについて、池江師は『優駿』のインタビューで次のように語っている。

「僕の、頭の片隅にはどこかで、ディープやルドルフのような優等生でなければ三冠馬になんてなれないという意識はあったかもしれません」

おそらく世論も感じ取っていたかもしれない。もしオルフェーヴルが三冠馬になったら、きっと今までと違う。気性難で繊細、何をしでかすかわからない。でも日本中が一番哀しかった年の希望になるのはきっと、そんな特別な、愛おしい三冠馬ではないか。

菊花賞の週、新聞の多くはオルフェーヴルの三冠を疑わなかった。ついには「オルフェにゃ勝てない！　勝負は2着」と日刊スポーツはお手上げ。10月23日、1面で2着馬を予想した。

同時に、誰もが騎手の重圧を思いやった。同僚は誰も池添騎手に話しかけてこなかった。

池添騎手はひとり思った。「豊さんはどうしていたのだろう」。現役騎手で三冠の重みを知る武豊騎手である。オルフェーヴルとの絆はどのコンビよりも深い。ゴール後に振り落とされた新馬戦、大敗からの鍛え直し。そして二冠。神戸新聞杯の走りは、1年前とは見違えるようなものだった。

――たどり着いた答えは、「馬を信じるしかない」だった。

でもそれでよかったのだ。勢いがつく最初の坂道の下りと、大歓声のスタンド前、オルフェーヴルは時折行く気を見せた。すぐに池添騎手がなだめる。「我慢してくれ」。するとまるで池添騎手の意思を汲み取ったかのようにすんと落ち着いた。

「池添は馬と会話できる騎手になった」（日刊スポーツ同年10月24日）

それから両者は二度目の坂越えを経て進出を開始していった。4コーナーでは前の馬たちを差し置いていった。もういいよ、と言わんばかりに右鞭で相棒を鼓舞した。あとはもう、栄光のゴールへただひたすらに走るのみだった。

いつもは決まって調教師控室のモニターで見ることを決まりとしていた池江師は、この瞬間、思わずターフの見えるスタンドへと駆け出していった。「生で見届けなきゃ」。頬は赤く染まる。湧き上がる興奮には勝てなかった。スタンドに飛び出すと、鼓膜に地響きのような大歓声が叩きつけられた。今、自分の管理馬が三冠の道へただ1頭ひたむきに走っている。

池添騎手は何度もターフビジョンを確認した。後ろからはもう誰もこない。そして最後はもう馬なりでよかった。オルフェーヴルは余裕たっぷりに、史上7頭目の三冠馬に輝いた。

とはいえ池添騎手はガッツポーズをせず、手綱をかたくなに握りしめ続けた。何をするかわからない。すると案の定オルフェーヴルは外ラチの方へ走っていき、突如池添騎手をラチめがけて振り落とした。池添コールが上がる中、池添騎手はオルフェーヴルの手綱を握りしめ、しばらく曳く恰好で戻っていった。

オルフェーヴルらしい三冠だった。

池江師はその後の囲み取材で先々のオルフェーヴルの目標を語った。その目標は翌日、新聞の1面に堂々と刻まれた。それは未だ日本馬が誰も成し遂げていない大きな夢だった。

「三冠オルフェ　凱旋門賞」（日刊スポーツ同年10月24日）

一番強いところを見せつけてくれ

菊花賞の後、池江師はオルフェーヴルの身体能力に

初の古馬対決でGI馬8頭を打ち破り年度代表馬＆新時代のヒーローに。

驚いた。ちっとも息が上がっていない。栗東に帰ってからも、3000mを走り抜いたにもかかわらず、レースの反動や疲労はあまり感じさせなかった。そこで年内にもう一戦、有馬記念が選択された。

歴戦の古馬が集う有馬記念。出走馬のGⅠ勝利数は合計19冠。とりわけ同年のジャパンCを制したばかり、当時牝馬最強とうたわれたブエナビスタが引退レースとして出走予定だった。ブエナビスタは牝馬二冠に加え、天皇賞・秋やヴィクトリアMを勝利している。ファン投票もオルフェーヴルを退け2年連続1位だった。GⅠ最多タイの7勝をかけ、有馬記念に挑む。それに伴い、新聞各社もブエナビスタとオルフェーヴルの二強対決の様相だった。サンケイスポーツはそれぞれ1面で特集する。

「さぁ有馬!! ブエナ感動Vだ」(同年12月19日)「有馬ブエナに勝つオルフェ」(同年12月20日)

一方、オルフェーヴル陣営は三冠を終えてもなお、重圧の中にいた。三冠を獲った以上、三冠馬にふさわしい成果を残していかないといけない。その期待に応えるようにオルフェーヴルはますます馬体を成長させていた。走るフォームも変わり、首の可動域が広がったことで全身を使って走れるようになってきた。そして有馬記念当日、池江師が馬体を見て勝利を確信し、パドックで池添騎手を激励した。

「一番強いところを見せつけてくれ」

雲は西日を覆い隠し、薄暗さを増したクリスマスの中山競馬場。ブエナビスタは最内からのスタートで3、4番手の好位から追走する。一方オルフェーヴルはスタートでやや後手を踏み、後方からの競馬になる。池添騎手は前に馬を置き落ち着いてレースを運ぶ。先頭はスローペースを刻み続け、追走する馬群も緩やかなペースに合わせていく。

前に有利な流れかもしれない。それでもオルフェーヴルは自分のペースを刻み続けた。

誰もが余力を残している。オルフェーヴルの末脚が勝るか。ブエナビスタが最後の脚を使うか。それとも他の馬か。決着が見通せないまま馬群は加速して最後のコーナーにかかっていく。ところがブエナビスタはこれについていくことができない。前団に積極的についていった結果、消耗は他の馬よりも大きかったのだ。一方、前年のダービー馬であるエイシンフラッシュが力強い伸び脚を見せる。それに負けじと外に出ていたオルフェーヴルも沈むように加速していく。

2頭は並ぶ形で直線を駆け抜けるが、オルフェーヴルが優勢を維持したままねじ伏せるようにゴール板を通過した。17年ぶりの3歳四冠の瞬間だった。

記念撮影の時、ふいに大粒の雪が舞い降りてきた。まるで天からの祝福のようだった。手綱を引く一同も、鞍上の池添騎手も四本の指を突き上げた。それは84年シンボリルドルフ、94年ナリタブライアンに続く史上3頭目の3歳四冠の確かな証だった。

2012
阪神大賞典
――凱旋門賞
――ジャパンC

阪神大賞典の逸走事件から再起、
勇躍フランスの凱旋門賞へ。
世界の頂点が目の前に迫っていた

「日本馬初の凱旋門賞V」と感じた次の瞬間、ソレミア（右）に差される。
日本の競馬ファンがもっとも悔しがった「銀メダル」。

QATAR

秋のロンシャンを見据えて

オルフェーヴルは自然豊かな場所が好きだった。だからこそ、放牧先のノーザンファームしがらきはお気に入りの土地だった。現地に到着すると、いつもオルフェーヴルは嬉しそうに馬運車から降り立つ。

有馬記念の後もここに放牧に出たオルフェーヴル。1カ月半の冬休みを満喫した後、栗東に帰厩、次戦となる阪神大賞典への調整が進められた。

戻ってきたオルフェーヴルは精神的に落ち着き、ますます機敏な走りを見せる。最終追い切りではウッドチップを勢いよく蹴り上げ加速し、先行く僚馬を追いかけ並ぶ間もなく突き放すと4ハロン50秒7の自己ベストを記録。サンケイスポーツは「三冠馬の年明け初戦は勝って当然!!」と報じた。事実、三冠馬は過去6頭中3頭が古馬初戦を優勝している。単勝オッズは1・1倍、世間はオルフェーヴルの勝利を当然視していた。

一方、池江師ははるか先のこと——秋の凱旋門賞で勝つにはどうすべきかを考えていた。

「阪神大賞典では普通の競馬をしなくてはいけない」(優駿2012年5月号)

ヨーロッパではオルフェーヴルがこれまでしてきたような最後方から差し切るレーススタイルでは通用しない。池江師自身もかつてヨーロッパで長期留学をし、凱旋門賞を六度見てきた経験からもそう睨んでいた。休み明けの長距離戦で折り合いが気になるものの、好位で挑むような競馬を今から学習する必要があった。

そこで池添騎手は「普通の競馬」を想定してレースに臨んだ。先行集団を横目に見る位置に取り付け、緩やかなペースの中最初のコーナーを目指していくというもの。ところがオルフェーヴルはこのペースにいら立ったのか、突如強くハミを噛んで力みはじめた。池添騎手は両腕を震わせ手綱を握りしめオルフェーヴルをなだめる。

しかしそこで先頭の1頭が抜け出すと、オルフェーヴルはつられて追いかけ、ついには並びかけていった。ところがひとたび先頭の馬が引くと、オルフェーヴルは先頭でたった1頭になってしまった。その瞬間だった。

オルフェーヴルは突如勢いそのままに道を外れて外

レースをやめた…にもかかわらずメンバー中最速の上がり36秒7をマークした阪神大賞典。

ラチへ突進していった。レースが終わったと誤解したのだろうか、もはや池添騎手の制御は効かない。スタンドの2万人から悲鳴が上がる。それでも諦めずに鞍上はオルフェーヴルを馬群へ戻そうとする。するとオルフェーヴルは内目を過ぎゆく馬たちを見つけるや否や、再びその中へと身を投じようと加速した。しかし取り付いたのは前から10番手。先頭にはほど遠い。それでも大外を回して最終コーナーを駆け回る。先頭のギュスターヴクライを射程圏内に入れると、オルフェーヴルはレースにおける使命を思い出したかのように再び加速した。たてがみを振り乱して先頭目指して猛追する。しかしあと一歩及ばず、2番手で決勝線を通過した。

「負け方も規格外　化け物加速2着」（日刊スポーツ同年3月19日）

戻ってきたオルフェーヴルを見て池江師は驚いた。オルフェーヴルはそれほど息が乱れていなかった。いったんスピードを緩めてもう一度加速するのは肉体的に堪えたはず。こんなレースをしても2着に食い込むとは、一体どこまで強いのか。

失敗できない再試験

「1頭になると何をするかわからない」（日刊スポーツ同年3月19日）

振り返れば新馬戦、菊花賞の際もレースを終えて1頭になった途端に外ラチに向かって突進し池添騎手を振り落としていた。今回はそれがレース中に起きてしまったのかもしれない。海外挑戦を考えても、まずは「普通の競馬」よりもオルフェーヴルがしっかり折り合いをつけられるようになることが先決だった。陣営には平地調教再審査が言い渡された。

再審査は次走となる天皇賞・春の2週前追い切りを兼ねて行われる。当日は問題となった状況を追い切り形式で再現し、これを合格できないと天皇賞には出走できない。そこで審査で用いるダートコースでの入念な事前練習が課された。そしてわがままは認めず、「お行儀のよい」走りを教え込んだ。

審査当日には大勢の報道陣が所狭しと集まった。陣営と報道陣の見守る中、オルフェーヴルは正確に課題をこなしていく。

審査員の判定は「合格」。やっと競走馬に戻れた、と池添騎手は報道陣に吐露した。

ほっとしたのもつかの間、池江師はこの時、オルフェーヴルの心身がどことなく万全でないように感じていたという。本番を前に本来の猛々しさを失っているようにも見えてしまったのだ。不安要素を残しつつも、オルフェーヴルは最終追い切りで十分なタイムを記録する。もしかすると馬齢による落ち着きが出てきただけかもしれない。人事を尽くし、天皇賞の走りを待つばかりだった。

「ブレなしオルフェ　落ち着き戻った」（サンケイスポーツ同年4月26日）「絶対オルフェ　カタくて斬れねぇ」（日刊スポーツ同年4月29日）などと、新聞各社はそれぞれに阪神大賞典で見せたオルフェーヴルの底力を称賛、次走も当然勝つかのように書いていた。

しかし天皇賞の翌日、新聞の1面にオルフェーヴルの姿はなかった。

オルフェーヴルは過去最低の11着で敗れた。先頭を射程圏内に入れられないどころか、中団の馬群すらも追い越せないままふがいなくレースを終えてしまったのだ。

そして今までレースを終えても元気だったオルフェーヴルが、天皇賞の翌日は身体がしゅんと萎み、まるで魂が抜けたようになってしまった。すぐに放牧に出された。

慣れないダート調教で「お行儀のよい」レースを教え込んだことで、精神的なストレスがあったのかもしれない。「秋まで休養するべきなのではないか」――そんな選択肢もよぎった。

同じ頃、池添騎手も自らを追い詰め、普段のレースさえ勝ち切れなくなってしまった。

「騎手をもう辞めた方がいいのではないか」（サンケイスポーツ同年6月25日）

放牧先についたオルフェーヴルは馬運車から降りるのもやっとのことだった。まずは強い調教は行わず、蓄積されたストレスの除去に専念した。

大好きな場所でのびのびと過ごせたオルフェーヴルは徐々に英気を養っていった。リフレッシュが順調に進んだ宝塚記念の1カ月前、池江師は池添騎手や牧場スタッフとノーザンフアームしがらきで話し合った。意見は一致した。
「宝塚記念を使えないことはない」

「オルフェーヴルの一強は崩れたのか」

雑誌『優駿』2012年5月号の表紙にはそんな言葉が並んだ。世論はオルフェーヴルの実力を疑問視する方向へと傾いていった。天皇賞・春と時を同じくして、5歳馬ルーラーシップが香港で初のGⅠとなるクイーンエリザベス2世Cを制していたこともあった。そんなルーラーシップが凱旋レースにこの宝塚記念を選択。騎乗するのは短期免許で来日していたC・ウィリアムズ騎手。彼は宝塚記念の週の平日はロイヤルアスコット開催に向かって一度渡英したが、宝塚記念のために途中で日本に戻ってくるほどの入れ込みようだった。

これまでオルフェーヴルの動向に大きく紙面を割いてきた新聞各紙も、宝塚記念ではルーラーシップも大きく取り上げるようになる。6月22日のサンケイスポーツでは1面で堂々「オルフェ倒せる!!大王確信　ルーラー」の見出しが躍った。有馬記念でルーラーシップはオルフェーヴルと対戦しているが、その際は大外枠でオルフェーヴルよりも2キロ重い斤量、それながら僅差の4着を死守していた。実力十分なライバル筆頭だった。

一方でオルフェーヴル陣営も、考えを改めるようになっていった。

「人間の思うように動かさず、オルフェの自由さをある程度許してもよいのではないか」

その甲斐あってか、帰厩後のオルフェーヴルは次第に筋肉や毛ヅヤを取り戻していった。とはいえそれも3歳の絶頂期を思うとやや物足りないところ。そこで池江師は、最終追い切りの結果で宝塚記念への出走を最終決定することにした。

「オルフェーヴルは断然の1位、ファンの期待を裏切れない。何より天皇賞で大敗を喫したままではヨーロッパには行けない。なんとしてでも出走させたい」（優駿同年8月号）

迎えた最終追い切り、オルフェーヴルはラスト1ハロンでキュッと耳をしぼり、僚馬を3馬身千切ってゴールした。7割ぐらいの出来。池江師はそう感じたが、調教とレースは違う。どん底は脱出できたとみて宝塚記念への正式出走を決めた。

レースの2日前、池江師がオルフェーヴルの馬房に立ち寄ると、オルフェーヴルは睨みつけるように威嚇してきた。久々に見せる、いつもの仕草だった。池江師は確信した。

「気持ちは戻りつつある」

ファンの期待と疑念の入り混じる中、オルフェーヴルの宝塚記念が始まった。オルフェーヴルは馬群中団に位置取りレースを進める。先頭馬が突き放し、ハイペースで流れる展開、オルフェーヴルは外目で1頭になったが、暴走する気配はない。一団は流れるペースに乗り、最終コーナーにかけてひとかたまりになって、馬場のいい外へと膨らみかけていく。その寸時、内に進路が開けた。

池添騎手は知っていた。馬場が荒れているのは馬4頭分ほどで、そこを避ければ内寄りの馬場を選択しても問題ないと。オルフェーヴルは内目をついて先頭に躍り出る。ルーラーシップも伸びてくるが寄せ付けない。先頭のまま余裕たっぷり、誰より先にゴールに飛び込んだ。

「池江師『疑ってごめん　そしてありがとう』」（日刊スポーツ同年6月25日）

不安の薄曇りはもう晴れた。強いオルフェーヴルが帰ってきた。威風堂々、池江師は大きな決断を下した。フォワ賞をステップに、凱旋門賞に出走する。凱旋門賞はフランス・ロンシャン競馬場で開催される欧州屈指の大レースで、スピードとスタミナの両方が試され

前走・天皇賞の惨敗により単勝支持率は急降下も体調回復によりGI 5勝目をマーク。
池添騎手は宝塚記念3勝目を挙げた。

る、２４００ｍ路線の最高峰だ。これまでフランス、イギリス、アイルランドといった欧州馬以外は優勝しておらず、日本からは未だ最高着順が2着の難関でもある。その大舞台を前に、鞍上は池添騎手から過去に凱旋門賞を二度制しているクリストフ・スミヨン騎手へとバトンタッチすることも併せて発表した。

初めてのフランスへ

フランス・シャンティイに着いたオルフェーヴルは当初、自分がどこに来たかわかっていないようだった。じっくりと初めての景色を見渡し、恐る恐る立ち止まりながら馬運車を降りようとする。そこが安全なところだとわかると、馬運車から元気よく駆け下りた。

現地でも日本と同様、坂路での調教を試みる。シャンティイの坂路はダートのみだったが、日本よりもクッションが効いている。かつて平地調教再審査において日本のダートに慣れず体を硬くしてしまったが、ここではその心配もなさそうだ。数日後には初めてスミヨン騎手が騎乗した。オルフェーヴルは新しい鞍上に緊張するでもなく、終始リラックスしていた。

スミヨン騎手は騎乗するにあたり、過去のオルフェーヴルの映像を細かくチェックしていた。中でも阪神大賞典での逸走に驚かされた。

「どんなに力がある馬でも騎手が正しく導かなければ勝利できない。レース前にすべての確認を怠ってはならない」(優駿同年10月号)

前哨戦のフォワ賞では序盤こそ首を振る素振りを見せたが、十分に折り合いがついていた。終盤まで脚を溜めたはずだが、直線ではスミヨン騎手の右鞭を何度も何度も受けることで必死に伸びる。迫るミアンドルを辛うじて退けなんとか1着でゴールした。

——もう少し楽に勝てたのではないか。

池江師は疑念を抱いていた。脚を溜めたはずなのに、いつもの切れ味がない。そしてあれほど鞭が入ることも今までなかった。2着のミアンドルは十分に仕上がっていなかっただけに、もっと差を広げてもおかしくない。

「今まで通りの調教を続けていては、凱旋門賞は勝てない」

シャンティイの坂路がダートであるがゆえに、かつてダートで体を硬くしてしまった経験がちらついて慎重になっていたところがあったのではないか。そこで池江師はフランスの馬場にフィットするようオルフェーヴルの削蹄の角度を微妙に変えることに。その結果ダートでもスムーズに走れるようになり、調教も安心して強化することができた。さらに日本での調教では発達しなかった筋肉が出来上がっていった。

小さいところから着実に、でも確かに凱旋門賞勝利が近づいていた。

競馬の魅せる夢

レース前日の昼間から現地の空には分厚い雨雲が広がり、当日の朝まで雨が降り続いた。当日は雨上がりの好天に恵まれたものの、馬場状態は不良。重馬場適性は十分とはいえ、ロンシャンの地でどこまで通じるかは未知数だった。

凱旋門賞当日、パドックにはイレ込むことなく悠々と歩みを進めるオルフェーヴルの姿があった。馬体は明らかにフォワ賞の時よりもたくましく出来上がっている。スミヨン騎手が跨っても動じない。出走馬がスタンド前をお披露目しながら歩む伝統のパレードも滞りなく済ませ、スタート地点へと駆けていった。

オルフェーヴルの凱旋門賞が始まった。ゲートが開いた瞬間、大歓声が沸き起こった。オルフェーヴルは後ろから2頭目に位置取り、十分折り合って体力を温存している。ロンシャン名物、偽りの直線「フォルスストレート」を前にしても我慢ができている。そしていよいよ最後の直線に差し掛かると、外に出したオルフェーヴルが馬群を射程圏内に入れた。馬群の先では前走で戦ったミアンドルが粘り込む。ひとかたまりとなった世界中のトップホースたちを横目に、オルフェーヴルは1頭違う勢いで先頭へと躍り出ていった。

誰もオルフェーヴルに追従してこなかった。40年以上も日本競馬がたどり着けなかった世界の頂が今、目の前に迫っていた。日本で行われたパブリックビューイングでは大勢が立ち上がって絶叫した。世界一のレースの先頭にただ1頭、オルフェーヴルがいた。

しかし不意にオルフェーヴルは右にヨレてしまう。その隙を突いて後方から牝馬ソレミアが飛んできた。ソレミアは勢いそのままにオルフェーヴルへと迫りかかる。

——ゴールまであと5mだった。オルフェーヴルはソレミアに並ばれて、そのまま差された。ゴールラインを先頭で突き抜けたのはソレミアだった。たった5m。

日本のパブリックビューイングは一瞬の静寂に包まれた。そして間もなく割れんばかりの拍手が沸いた。すばらしいレースをしたオルフェーヴルを誇り、称え続けていた。不思議と恍惚に満たされていた。誰もがオルフェーヴルの見せた夢の中を漂っていた。

先頭を走り続けたあのひとときについて、池江師は囲み取材で懸命に言葉を紡ぐ。

「…幸せな気持ちになっていたというのか…そういう感じで満たされていましたね」

挑み始めて40年余。敗れはしたものの、世界の頂はもうそこまで近づいていると確信したひとときであった。

2013
大阪杯
―凱旋門賞
―有馬記念

強い風が吹きタテガミが舞った引退戦の有馬記念。数分後に中山競馬場で沸き起こった歓声の大きさを想像できた人はどれくらいいただろう。

最後はオルフェーヴルが一番強い！
2013年12月22日。最後のレースの日、
師走の西日に浮かんだ金色の馬体が躍動する

27年ぶりの三冠馬対決

「凱旋門賞に乗れなかった悔しさは、一生、自分の中で残る」（サンケイスポーツ同年11月16日）

凱旋門賞でのスミヨン騎手への乗り替わり。致し方ないとはいえ、池添騎手の気持ちは途切れかけていた。オルフェーヴルのためにずっと取り組んできたトレーニングも止めてしまった。凱旋門賞を勝って引退して、もう二度と乗れないかもしれない。

ところが帰国後のオルフェーヴルの背にはかつてのように池添騎手がいた。次走となるジャパンCの追い切り、彼がひと追いすると、それは風を切って見慣れた風景になじんでいった。背中の柔らかさ。躍動する脚力。池添騎手にとって、忘れかけていた乗り味だった。確かに今、オルフェーヴルはかつての相棒の下へ戻ってきたのだ。レースには牝馬三冠を成し遂げたばかりのジェンティルドンナをはじめ、侮れないメンバーが揃ったが、池添は再び使命感を燃やす。

「今回はいいメンバーが揃ったけれど、その中でも中心はオルフェだと思うし、勝つことしか考えていない」（同紙）

しかし世論は若き三冠牝馬に追い風だった。「ジェンティル　オルフェに『勝てる』」（サンケイスポーツ同年11月21日）「4キロ差オルフェに勝つジェンティル」（日刊スポーツ同年11月24日）。ジェンティルドンナを管理する石坂正師も新聞社の取材に自信を語る。
「かなわないと思えば（エリザベス）女王杯に使っているよ。（中略）互角の勝負ができると思う」
（サンケイスポーツ同年11月21日）

奇しくも同じ8枠に入ったオルフェーヴルとジェンティルドンナ。おびただしい喧噪のスタンド前、2頭が並んでゲートに収まっていく。85年の天皇賞・春でのミスターシービーとシンボリルドルフ以来27年ぶりとなる三冠馬同士、そして歴史上初となる三冠牝馬と三冠馬の対決の火蓋が切られた。オルフェーヴルは五分のスタートを切った。前に行く馬たちを見送り、後方馬群に取り付く。ジェンティルドンナは前から3番目に位置取る。春の天皇賞を逃げ切ったビートブラックがここでも再び自分のペースを刻んでいく。池添騎手は他馬の後ろについて我慢する。3コーナーからは外に進出、徐々に位置を上げ、直線入り口で前団3番手まで迫っていった。順調だった。ここまでくれば、後はもういつもの瞬発力で戦うのみ。満を持して池添騎手が叱咤、逃げ馬をめがけて加速する。内にいたジェンティルドンナも併せるように伸び上がる。

三冠馬2頭がほとんど同じ勢いで坂を駆け上がっていく。

ところが、オルフェーヴルが先頭を射程圏内に入れたその瞬間のことだった。ふいに内からジェンティルドンナがオルフェーヴルに激しく馬体をぶつけ大きく外へ弾き飛ばした。この一瞬、オルフェーヴルは宙に浮いた。なんとか着地し素早く立て直したが、この間すでにジェンティルドンナが頭一つ分先を行ってしまった。相手は斤量が4キロ軽い。池添騎手の鞭が何度もオルフェーヴルを叱咤し懸命に追いすがるも、最後までジェンティルドンナには届かなかった。ゴールを過ぎて間もなく、掲示板に審議の青いランプが点灯した。

池江師と池添騎手はパトロールビデオを何度も見返す。あれだけ弾かれたら、どんな馬でも失速してしまう。裁決委員に呼び出され、事情聴取を受ける池添騎手。その間約20分。池添騎手によれば、3回か4回ぶつけられたという。しかし結果は、オルフェーヴルの競走能力発揮には重大な影響があったとは認められないとして降着には至らず、掲示板の1着にジェンティルドンナの馬番が灯された。「もっとちゃんとエスコートしてあげたかった…、後味の悪いレースをして申し訳ないです」（サンケイスポーツ同年11月26日）と語るジェンティルドンナの岩田騎手には、一連の事態を受け騎乗停止処分が下された。

すべては秋のフランスへ

「いや〜、ホッとした。よかった〜」

池添騎手は検量室前の馬上で声を上げた。オルフェーヴルの年明け始動戦、重賞・産経大阪杯。ジャパンC敗戦後のオルフェーヴルの真価を問われる重要な一戦を無難に制した。

かつての敗北や疲れを微塵も感じさせない盤石の走りだった。五分のスタート後は後方4番手へ、行くでもなく抑えるでもない。馬のリズムだけを重視して走った。3コーナーを過ぎたころから外に持ち出しポジションを上げる。エイシンフラッシュの猛追もあったが譲らない。半馬身抑えたまま1着でゴールした。

ゆくゆくは堂々春のグランプリ、宝塚記念へ。前年のジャパンCで現役を引退する可能性もあったが、オーナーサイドは一つの理由から現役続行を決めていた。

「凱旋門賞を勝ちたかったからですよ」（優駿2013年11月号）

これを受け、池添騎手はある挑戦に乗り出していた。来たるオルフェーヴルのリベンジに備え、池添騎手は4月以降のクラシックシーズンからすべての日本での

ゴール直前で池添騎手が余裕を見せる騎乗となった5歳初戦の大阪杯。

騎乗を断り、しばらくフランスに飛び立ち武者修行することを決心した。

すべてはオルフェーヴルとともに凱旋門賞を迎えるため。

一方のオルフェーヴルは栗東に残り、特別な調教を受けるようになった。これまで坂路調教が主だったが、周回コースであるCウッドコースでの調教を導入した。坂路は最初の400mだけ我慢すればいいが、周回コースの場合、馬場に入り、実際に時計を出す1200m地点から直線に向くまでの800mと長時間にわたって折り合わなければいけない。よりレースに即した形で、オルフェーヴルの自立心を養える。

これに加えて、さらに折り合いをつけるため、普段の調教に馬術の「フラットワーク」を導入した。角馬場を並足で駆けるというもので、従来の1分弱の調教と異なり、数十分かけてハミを通し人間の指示を受けることを学べる。当初はなかなか鞍上の言うことをきかなかったが、次第に騎乗者の指示を待つようになっていった。

これらはすべて、来たる凱旋門賞のため。

ところが宝塚記念の1週前追い切りを終えた後、オルフェーヴルに異変が生じた。

調教を終えて戻ってきたオルフェーヴルの呼吸がどうにもおかしい。すぐに検査したところ、肺出血を発症していた。肺出血が悪化して血が上ってくると、しばしば出走取りやめの理由にある「鼻出血」となる。鼻出血には至っていなかったが、ここでは大事をとって宝塚記念を見送ることとした。すぐに放牧へ出され、肺の毛細血管の修復を待った。

これからしばらくしたある日、池添騎手の携帯に池江師から電話があった。

それは、凱旋門賞でのスミヨン騎手への再びの乗り替わりを告げるものだった。この日の池添騎手はもう、どれだけ酒を口にしても酔えなかった。フランスへの武者修行、そしてこれまでのオルフェーヴルとの日々を思った。

「もう僕が乗ることはないと思った。凱旋門賞を勝って引退すると思ってたので」（日刊スポーツ 同年12月23日）

時を同じくして7月12日、新聞各社が一斉に報じた。

「オルフェーヴルの凱旋門賞参戦が決定」

失意の池添騎手の一方、Twitter（現X）はファンの期待の声で満ち溢れていた。「今年は勝てるだろう」「去年の借りを」「完全燃焼へ」「おそらく日本史上最大の期待だ」。

オルフェーヴルは完成した

9頭立ての凱旋門賞前哨戦・フォワ賞。オルフェーヴルは道中、目の前に逃げる馬を置いて気を荒げることなく悠々自らのペースを刻む。フォルスストレートまで位置を守り続けて、緩やかにペースを守る。直線コースを迎えたところで先頭馬の外に持ち出し、ほとんど持ったままで先頭に立つと、みるみるうちに後続を突き放していく。スミヨン騎手が軽く追っただけで、大きなフットワークで他馬を置き去りにしていった。

池江師は安堵した——求めていた走りがようやくできた。これまでの調教が実を結んだ。オルフェーヴルはついに「完成形」にたどり着いていたのだ。

なお、この日同じロンシャン競馬場で行われたGⅠヴェルメイユ賞では牝馬トレヴが無傷の4連勝を記録。後に凱旋門賞にも出走を表明、オルフェーヴルの前に立ちはだかる。

凱旋門賞にはオルフェーヴルのみならず、日本からダービー馬キズナの出走もあり、例年以上に勝利の輪郭線がはっきりと見えていた年だった。そして池江師自身にも自信があった。今のオルフェーヴルなら8割か、いや8割以上の確率で勝てる。

オルフェーヴルの二度目の凱旋門賞が始まった。誰も行きたがらない展開、押し出される形で逃げた馬がゆったりとしたペースを刻み、レースはほとんどひとかたまりで進む。スタート直後に出足の鈍ったオルフェーヴルは中団馬群の外に落ち着く。その斜め後ろにトレヴがいた。去年あれほどのレースをして2着、オルフェーヴルがマークの対象になるのは必然だった。トレヴの背後には日本のキズナがつける。フォルスストレートに差し掛かったあたりで、トレヴはオルフェーヴルの進路をふさぐように横に位置を上げてきた。通常フォルスストレートから動くことは余計に体力を消耗し、自滅にも近しいことだが、それでもトレヴは加速する。ひと息オルフェーヴルをけん制して、再び進出を開始する。そこでオルフェーヴルも外に出ようとするが、今度はキズナが進路を阻む。同じ日本馬でもそう簡単に行かせない。オルフェーヴルは進路を見つけられないまま、目の前のトレヴに蓋をされてしまい、脚を余し続けてしまう。オルフェーヴルを塞いだまま、ほとんど持ったままでトレヴが先頭に躍り出る。ここでようやくオルフェーヴルの目の前が開けた。ようやく進路が開けてスパートするかと思いきや、いつもの瞬発力は出し切れない。実はこの時、トレヴは重馬場のコースながら11秒台ものラップを立て続けに刻んでいた。トレヴはどんどん先を行く。オルフェーヴルは圧倒的なスピードで加速するトレヴに追いすがれず、その差を縮められなかった。トレヴが5馬身先でゴールする中、辛うじて2着を死守するのが精一杯だった。

これまで幾度となく力でねじ伏せてきたオルフェーヴルが、力でねじ伏せられてしまった。オルフェーヴルを完成形にまで導いたが、それでも世界の頂にはたどり着けなかった。池江師は言葉を詰まらせながらインタビューに応じる。

「…重い扉でしたね。去年はね、開けることができてゴールの寸前に閉じたという感じだったんですが、今年はもう、扉に手をかけることすらできなかった」（優駿同年11月号）

同時にトレヴが勝者の馬服に身を包みウイナーズサークルに姿を現した。大歓声が沸き上がっていた。対照的に池江師は虚脱した表情のまま、真摯にインタビューに応じ続けていた。

この後、オーナーサイドはオルフェーヴルの有馬記念での引退を表明した。鞍上は再び、池添騎手に託すと発表された。

最強の証明

帰国したオルフェーヴルは放牧先を経て栗東トレセンへと戻ってきた。有馬記念に向け、坂路での追い切りに臨んだオルフェーヴルは不思議と気合に満ちていた。ところが常に先着してきた最終追い切りでは、なぜか僚馬を突き放すことなく並んでゴールした。

「生き物だしすべてがうまくはいかない。十分じゃないですか。80点ぐらいは上げられる」

(日刊スポーツ同年12月19日)

やはり、最後までオルフェーヴルの心の内は、誰にもわからなかった。

獰猛で繊細で、時にゲートで啼くほど寂しがりや。自分の底力をコントロールしきれなかったこともあった。オルフェーヴルはオルフェーヴルなりに、不器用でも鞍上の言うことに耳を傾けようとし続けてきたのかもしれない。日本が一番つらい時に灯となった。こんな三冠馬はいないと思わせた。幻となった凱旋門賞。オルフェーヴルを諦めたくない。

当時の人々の願いは一つの見出しに凝縮された。

「強いオルフェもう1度‼」（日刊スポーツ同年12月20日）

13年12月22日。最後のレースの日を迎えた。池添騎手は何度も脳内でシミュレーションをする。こういう展開になれば、ああなったら…いろいろ考えたが、結論は変わらなかった。最後はオルフェーヴルが一番強い。力を出せればオルフェーヴルが一番、強い。

騎乗してからはいつも通りチェックを済ませていく。気合い乗りはどうか。言うことは聞いてくれるか。フットワークは。パドックから返し馬まで、これまで積み上げてきたようにオルフェーヴルの具合を確認していく。どれも問題ない。枠入りが始まった時、池添騎手はふーっと大きく息を吐き出した。どんな言葉でも語りつくせないほどのプレッシャーをはねのけるように。最強の馬の最後を締めくくる役目はきっと、凱旋門賞の騎乗よりもずっと大役に違いない。

ゲートに入って啼くこともなくなった。ずいぶん成長した。ゲートが開くと、ゴールドシップを前に見る位置で折り合うことができた。いい場所で競馬ができると感じた。ペースに惑わされることなく、第3コーナーまで迎えられた。そこから上昇をはじめる。他の馬より長い距離を走ることになる。でもオルフェーヴルなら大丈夫。オルフェーヴルは最後の躍動を見せた。沈みゆく中山の西日がオルフェーヴルの金色の馬体を浮かび上がらせる。大地を蹴り上げ、オルフェーヴルは躍動する。4コーナーではもう、他の15頭の誰もついてこられなかった。独走に入る。場内からはひときわ大きな歓声が上がった。直線、池添騎手はターフビジョンで後方を確認する。みるみるうちに差が開いていくのがわかった。でも、この馬は最後まで気を抜いてはならない。再び鞭を入れるとまた反応した。スタンドには、凄い凄いと手をたたきながら飛び跳ねる人。強い……と感嘆を漏らす人。みんな笑顔だった。競走馬生活最後の直線は、笑顔の花道だった。2着にはウインバリアシオンが粘り込んだが、それでもオルフェーヴルが生み出した8馬身もの差は到底埋めようがなかった。

池添騎手は泣かないつもりだった。笑って送り出したかった。しかし目には涙が溜まるばかり。涙を寒風に乾かしてもらいながら、右手の人差し指を澄み切った冬空へと突き上げた。スタンドは12万もの観衆によるオルフェコールで溢れていた。レース後のインタビューで、池添騎手は、一番近くにいた身として感じてきたことを叫んだ。

「僕はオルフェーヴルが世界一強いと思います！」

これまで幾度も別れを確信してきた。でもこれが本当のさよならだ。最後の瞬間に一緒にいられた。池添騎手こそ、一番固い絆で結ばれているに違いない。オルフェーヴルは引退式後、社台スタリオンステーションへと向かった。果たされなかったフランスでの約束は、産駒へと受け継がれていく。

伝説となった引退レースの直後、衝撃を受けたファンに返礼をする池添騎手。
破天荒キャラだったオルフェーヴルは心身ともに成長していた。

斤量	タイム	通過順	上がり	馬体重	勝ち馬(2着馬)
54	01:37.4	7-7	33.4	448	(ショウナンパルフェ)
55	01:35.3	6-5-5	34.5	450	ホエールキャプチャ
55	01:22.6	11-12	33.8	454	グランプリボス
56	01:34.2	10-8	33.5	456	レッドデイヴィス
56	01:47.8	9-7	33.2	450	トーセンラー
56	01:46.4	11-9	34.3	444	(ベルシャザール)
57	02:00.6	12-11-11	34.2	440	(サダムパテック)
57	02:30.5	14-14-14-12	34.8	444	(ウインバリアシオン)
56	02:28.3	5-5-5-5	32.8	460	(ウインバリアシオン)
57	03:02.8	10-10-6-3	34.6	466	(ウインバリアシオン)
55	02:36.0	11-10-8-5	33.3	462	(エイシンフラッシュ)
57	03:11.9	1-2-9-6	36.7	462	ギュスターヴクライ
58	03:15.6	16-16-17-14	34	460	ビートブラック
58	02:10.9	11-11-12-12	34.7	456	(ルーラーシップ)
58	02:34.3	–	–	計不	(Meandre)
59.5	02:37.7	–	–	計不	Solemia
57	02:23.1	12-13-10-3	32.9	458	ジェンティルドンナ
58	01:59.0	10-11-9-6	33	464	(ショウナンマイティ)
58	02:41.5	–	–	計不	(Very Nice Name)
59.5	02:33.2	–	–	計不	Treve
57	02:32.3	13-13-12-2	36	466	(ウインバリアシオン)

オルフェーヴル全成績

年月日	競馬場	レース名	距離・天気	単勝	人気	着順	騎手
2010/8/14	新潟	2歳新馬	芝1600重	3.0	2	1	池添謙一
2010/10/3	中山	芙蓉S (OP)	芝1600良	2.1	1	2	池添謙一
2010/11/13	東京	京王杯2歳S (GII)	芝1400良	3.3	1	10	池添謙一
2011/1/9	京都	日刊スポーツ賞シンザン記念 (GIII)	芝1600良	10.7	3	2	池添謙一
2011/2/6	京都	きさらぎ賞 (GIII)	芝1800良	2.9	2	3	池添謙一
2011/3/26	阪神	スプリングS (GII)	芝1800良	4.7	1	1	池添謙一
2011/4/24	東京	皐月賞 (GI)	芝2000良	10.8	4	1	池添謙一
2011/5/29	東京	東京優駿 (GI)	芝2400不	3.0	1	1	池添謙一
2011/9/25	阪神	神戸新聞杯 (GII)	芝2400良	1.7	1	1	池添謙一
2011/10/23	京都	菊花賞 (GI)	芝3000良	1.4	1	1	池添謙一
2011/12/25	中山	有馬記念 (GI)	芝2500良	2.2	1	1	池添謙一
2012/3/18	阪神	阪神大賞典 (GII)	芝3000稍	1.1	1	2	池添謙一
2012/4/29	京都	天皇賞(春) (GI)	芝3200良	1.3	1	11	池添謙一
2012/6/24	阪神	宝塚記念 (GI)	芝2200良	3.2	1	1	池添謙一
2012/9/16	フランス	フォワ賞 (GII)	芝2400稍	–	1	1	C・スミヨン
2012/10/7	フランス	凱旋門賞 (GI)	芝2400重	–	2	2	C・スミヨン
2012/11/25	東京	ジャパンC (GI)	芝2400良	2.0	1	2	池添謙一
2013/3/31	阪神	産経大阪杯 (GII)	芝2000良	1.2	1	1	池添謙一
2013/9/15	フランス	フォワ賞 (GII)	芝2400重	–	1	1	C・スミヨン
2013/10/6	フランス	凱旋門賞 (GI)	芝2400重	–	1	2	C・スミヨン
2013/12/22	中山	有馬記念 (GI)	芝2500良	1.6	1	1	池添謙一

第二部

一族の名馬と同時代のライバルたち

オルフェーヴル、ゴールドシップを筆頭に国内外のGI馬12頭を送り出した名種牡馬ステイゴールド。産駒の重賞勝利は116勝＝抜けた数値である。

偉大な父ステイゴールドに連なる血脈から、
実力筆頭の貴婦人や凱旋門をともに走った帯同馬、
多彩な才能を発揮した産駒たちの蹄跡をたどる

ステイゴールド

世界への扉をこじ開けた黄金時代の人気者

1994年生まれ
牡
黒鹿毛

実力はあっても勝ち切れない。競馬界にはしばしばこんなファンに愛されるシルバーコレクターやブロンズコレクターが誕生する。オルフェーヴルの父ステイゴールドもそんな1頭だった。国内通算成績は[5・12・8・23]。このうち、GI2着が4回、3着も2回あるが、頂点には手が届かないでいた。

ただ、これは時代が悪かったというほかない。ステイゴールドが本格化を迎えた1998年ごろ、日本競馬史に残る黄金時代が訪れたのだ。同年の天皇賞・春はメジロブライト、宝塚記念はサイレンススズカと、それぞれ同期のライバルの前に2着。天皇賞・秋はサイレンススズカを悲劇が襲うなかオフサイドトラップの2着、年末の有馬記念は1歳下で最強世代の一角グラスワンダーの3着と惜しい競馬が続く。翌年の天皇賞・春と秋はそれぞれスペシャルウィークの5着&2着、宝塚記念は再びグラスワンダーの3着。さらに捲土重来を期した00年は3年連続となる古馬中長距離GI完全出走こそ果たすも、世紀末覇王テイエムオペラオーの壁は厚く、4着が最高着順だった。

錚々《そうそう》たるメンバーを相手に互角に渡り合ってきたが、仮に善戦マンのまま終わっていれば、

父 サンデーサイレンス
母 ゴールデンサッシュ
母の父 ディクタス

戦績 [7-12-8-23]
香港ヴァーズ
距離適性 長距離
脚質 先行・差し

おそらく種牡馬として大成功を収めることはなかっただろう。しかし、ステイゴールドがその身に秘めた真価を示すのは、まさにここからだった。

皮切りとなったのは01年のドバイシーマC（当時）だ。語り草となった当時の世界最強馬ファンタスティックライトとの激闘の末、見事に勝利を飾る。そして、国内4戦を挟んで向かった12月の香港ヴァーズ。最後の直線で前を行くエクラールは、奇しくもファンタスティックライトと同じゴドルフィン馬だ。後続を大きく引き離して逃げ込みをはかるエクラールとの差を一完歩ごとに詰め、今度もゴール寸前で図ったように差し切る。50戦目にして悲願のGI制覇を成し遂げるという、これ以上ないドラマで引退レースを締めくくった。さらに当時を振り返れば、今とは違ってまだ日本馬が海外で活躍する機会の少なかった時代だ。それだけに、香港ヴァーズ制覇の価値は計り知れないものだった。

ステイゴールドは引退後、ファンに愛される多くの個性派を世に送り出した。その最高傑作こそオルフェーヴルだ。父とは違い、3歳三冠を達成するなど早くから時代の主役を務めたが、阪神大賞典で見せた逸走など危うさを内包していたところはやはり親子だ。一方で、世界の頂に二度手をかけた海外競馬での高い適性もまた、ドバイ・香港で無類の強さを見せた父譲りといえる。だからこそ、今や日本の悲願となった凱旋門賞制覇の夢を、今度はその血を受け継ぐオルフェーヴル産駒に期待してしまうのだ。

（安藤康之）

メジロマックイーン

再注目された、日本競馬を牽引した名ステイヤーの血

1987年生まれ
牡
芦毛

サンデーサイレンスが日本に輸入される前、90年代前半はステイヤー全盛期。メジロマックイーンは間違いなく日本競馬を牽引した1頭といっていい。天皇賞・春の連覇などGＩ4勝。GＩ着外は二度しかない優等生だった。だが、種牡馬としてはサンデーサイレンスの前に完敗を喫し、成功したとは言い難く、同時に日本の競馬は中距離へシフトしていった。

2011年、すっかり過去の馬になってしまったメジロマックイーンは三冠馬オルフェーヴルによって再注目された。血統とは不思議で、1頭の名馬が現れると、過去から現在へ時空を超えて、突如、往年の名馬が甦ることがある。血をたくさん残し、定着させるのも大切だが、たとえ少ない血であっても、血統表から簡単には消えてなくなりはしない。オルフェーヴルの母オリエンタルアートの父としてメジロマックイーンは見事に復活した。翌年、二冠を制したゴールドシップの母ポイントフラッグの父でもあり、父ステイゴールド×母の父メジロマックイーンは黄金配合だと騒がれた。現代では当たり前になった血統用語「ニックス」なる言葉が競馬ファンに認知されたのは、オルフェーヴルの功績の一つだ。

それにしてもつくづく因果を感じざるを得ない。メジロマックイーンはサンデーサイレン

父　メジロティターン
母　メジロオーロラ
母の父　リマンド

戦績　[12-6-1-2]
菊花賞　天皇賞・春2勝　宝塚記念
距離適性　長距離
脚質　先行

スという巨星の輸入によって、その立場を奪われたといっても過言ではない。持久力と操縦性の高さが売りだったが、多少、操縦難であっても、最後の爆発的な瞬発力で逆転できるサンデーサイレンスの血には敵わなかった。だが、その血を継ぐステイゴールドと交配されると、瞬発力も持久力もある産駒が出現し、チャンピオンの座を射止めた。メジロマックイーンの柔軟な筋肉とやや硬さが残るステイゴールドが互いの短所を消し、長所を伸ばし合う。オルフェーヴルの走りは姿勢が低く、俊敏な猛獣のようであったが、あれはメジロマックイーンの柔らかさとステイゴールドの気性が成せる業だったに違いない。阪神大賞典で逸走からレースに復帰する際の走りはまさにそれだ。

だが、このニックスは決して不思議ではないかもしれない。メジロマックイーンはその座を奪われたサンデーサイレンスが気を許す唯一の馬だったというエピソードがある。ご存じの通り、サンデーサイレンスは人を寄せつけない獰猛な一面があり、周囲のサラブレッドを威嚇して歩くほどだったが、メジロマックイーンとは馬が合った。生前の映像をみると、ちょっかいを出すサンデーサイレンスを悠然と受け流しているだけのようにみえるが、サンデーサイレンスは隣にメジロマックイーンがいると、のんびり牧草を食む芦毛をじっと見つめるなど、満更ではなかったという。サンデーサイレンスに気性面で酷似していたステイゴールドとの共鳴はもしかすると、必然だったかもしれない。

（勝木淳）

ドリームジャーニー

「黄金配合のパイオニア」は最軽量のGI馬

2004年生まれ
牡
鹿毛

2024年の宝塚記念でGI初制覇を決めたブローザホーン。重馬場の2200mを後方から差し切った末脚は見事だったが、それ以上に驚いたのが馬体重だった。430キロ未満でのGI勝利はグレード制後の芝GI馬として28例目であり、牡馬としては4番目の軽量馬勝利だった。

ゴールイン直後に思い浮かんだのが、牡馬として2番目に軽かったドリームジャーニーである（もっとも軽かったのは87年ジャパンC優勝馬ルグロリュー＝410キロ）。

ステイゴールド×メジロマックイーンの「黄金配合」として初のGI馬となった同馬は、同配合のオルフェーヴルもゴールドシップも出走していない朝日杯FSを制して2歳王者となった際に416キロで、5歳時に宝塚記念を制した際も424キロ。日本国内生産の牡馬として、いまだに破られていない最軽量王者である。ちなみに父ステイゴールドは香港ヴァーズを勝った際が430キロで、3歳時の初勝利は418キロだった。

しかし、ドリームジャーニーのパドックをみると、ほかの馬より小柄にもかかわらず、迫力を感じる馬体だった。小回り中山で行われた朝日杯では「この小さい馬をどのように追い

父　ステイゴールド
母　オリエンタルアート
母の父　メジロマックイーン

戦績　［9-3-5-14］
朝日杯FS　宝塚記念　有馬記念
距離適性　中距離
脚質　差し・追い込み

上げていくのでしょう」とのアナウンスがあった数秒後、3コーナーでスパートすると大外から直線一気で14頭をごぼう抜き。2着馬は後にスプリントGⅠ春秋制覇を果たしたローレルゲレイロだった。

低く沈むフットワークで末脚に賭ける走りだったが、3歳になると皐月賞8着、ダービー5着。2歳王者には早熟型も多く「ここまでか？」と感じたが、秋初戦の神戸新聞杯を勝つと4歳時は中距離路線を走りGⅢを2勝。5歳春の産経大阪杯で1世代下のダービー馬ディープスカイや有馬記念の覇者マツリダゴッホを下すと、宝塚記念では後方から鋭い末脚を披露しGⅠ2勝目を挙げたが、このレース直前、筆者は二つの相反する想いをもっていた。「2歳王者の5歳GⅠ制覇などそうはいない」「父ステイゴールドと同じく故障もせず走り続けている」。——後者が正解だった。ちなみに前者は後にロゴタイプ（6歳で安田記念）とドゥデュース（5歳で秋の天皇賞&ジャパンC）が果たしている。

年末には有馬記念も制しグランプリを連覇。〝ステイマック〟の後輩であるオルフェーヴルとゴールドシップも後に有馬記念を勝っているが、ドリームジャーニーの活躍があってこそ、オルフェーヴルという稀代の三冠馬が誕生したのだろう。

全兄弟でのGⅠ馬はダンスパートナー&ダンスインザダーク、アルアイン&シャフリヤールなど数例あるが、GⅠ勝利数合計9勝＝「抜けた2頭」だ。

（小川隆行）

オリエンタルアート

産駒がGI計9勝…名馬の母が送った「幻の馬」

1997年生まれ　牝　栗毛

天皇賞・春連覇などGIを4勝し、史上初めて獲得賞金が10億円を突破したメジロマックイーン。種牡馬としてGI馬を送り出すことはできなかったものの、不思議と牝馬の活躍が目立った。オルフェーヴルの母オリエンタルアートも、その中の1頭である。

栗東・田所清広厩舎の所属となったオリエンタルアートがデビューしたのは3歳の2月末。阪神ダート1800mの新馬戦で3着に好走すると、2戦目で初勝利を手にした。その後、忘れな草賞で初めて芝のレースを経験したものの、ここは13着と大敗。以後、年内はダートに専念し、12月に2勝目、年明け初戦に3勝目を挙げた。結果的には、これが最後の勝利となるも、4歳春には格上挑戦で重賞の京都牝馬Sと中山牝馬Sに出走し、現級に戻った6月のタイランドCでは単勝120倍の低評価を覆して2着に好走。芝で初の連対を果たした。

その後、翌年の加古川特別11着が最後のレースとなり、生まれ故郷の白老ファーム（現・社台コーポレーション白老ファーム）で繁殖入りすることが決定したが、手にした3勝はいずれも池添謙一騎手とのコンビであり、そこに運命めいたものを感じずにはいられない。

そんなオリエンタルアートの繁殖としての特徴は、なんといっても仔出しが良かったこと

父	メジロマックイーン
母	エレクトロアート
母の父	ノーザンテースト
戦績	[3-1-1-18] 4歳以上900万下
距離適性	短〜中距離
脚質	逃げ・先行

ではないだろうか。初仔のドリームジャーニーから最後の産駒となったデルニエオールまで、12年間で計11頭を出産。そのうち7頭がステイゴールドとの間に産まれた産駒で、牡馬5頭（後にセン馬になった2頭を含む）、牝馬6頭とバランスも良かった。

また、どうしてもオルフェーヴルとドリームジャーニーの実績に目がいってしまうが、ひょっとすると、これら2頭に匹敵するくらいのポテンシャルを秘めていたと思わずにいられないのが、2番仔の牝馬アルスノヴァである。

ダンスインザダークの産駒で兄と同じ池江泰寿厩舎からデビューしたアルスノヴァは、2歳10月の新馬戦で2着に惜敗するも、中3週で臨んだ未勝利戦を快勝。さらに、12月のエリカ賞も連勝した。このエリカ賞を勝利した馬は、後に4頭がダービーを制覇。それ以外に3頭がGIを勝つなど、出世の登竜門といってもよいレース。残念ながら、アルスノヴァはこの翌月に屈腱炎を発症し引退、繁殖入りとなってしまったが、脚元さえ無事であれば、重賞タイトルはもちろん、産駒3頭目のGI馬になっていたかもしれない。

それでも、オリエンタルアートの繁殖としての実績は極めて優秀で、2頭以上の産駒がJRAのGIを計9勝したのは、ダイワメジャー、ダイワスカーレット兄妹の母スカーレットブーケと並び歴代最多タイ。残念ながら、自身はデルニエオールを出産した3日後に18歳でこの世を去ってしまったが、その実績は今も色褪せず燦然と輝いている。

（齋藤翔人）

8号族

アーモンドアイ、エアグルーヴらを輩出

血統を語る上で大事な要素の一つが、ファミリーナンバーだ。ファミリーナンバーは長い歴史を持つメジャーな視点で、ＪＲＡの公式サイトで「ブルース・ロウという人が、ダービー、セントレジャー、オークスの第1回からの勝ち馬の牝系を調べたところ、43頭の馬にたどりついた。その中で3大レースの勝ち馬を多く出している順番に第1族から43に分類し、各々の番号の直系牝馬と直仔をその番号で示したものがファミリーナンバーである。現在では番号も更に追加され、若い番号イコール優秀、とはいえなくなっているが、牝系分類上便利なので現在も利用されている」（ＪＲＡ公式サイトより引用）と説明されている。１８９５年ごろにまとめられた分類が今もなお引き継がれているのである。オルフェーヴルはこのファミリーナンバーにおける8号族、その中でも【8－c】と呼ばれる系統に属している。

8号族は、【8－a】、【8－b】といったように、更に分岐して発展。【8－d】ではヴィクトワールピサ、【8－h】ではシンボリクリスエスやキングヘイロー、【8－k】ではロゴタイプやミスターメロディらが活躍している。分岐しているとはいえ8号族は全体的に中山競馬場での活躍馬が多く、それ以外では安田記念や高松宮記念などの優勝馬が多い印象を受

ける。安田記念の勝ち馬アサクサデンエンやエアジハードもまた、8号族の活躍馬である。

オルフェーヴル・ドリームジャーニーが含まれる【8－c】の代表馬はほかにメジロライアンやフサイチペガサス、グランプリボスらが挙げられる。オルフェーヴルと同じく池江泰寿厩舎のソウルラッシュも【8－c】。思えばメジロライアンも現役時代の7勝のうち4勝は中山競馬場と、例に漏れず中山巧者と言える。グランプリボスとドリームジャーニーも中山開催時代の朝日杯FSを制覇して2歳王者に輝いた。

一方で、中山競馬場ではなく東京競馬場で強さを見せるのが【8－f】の馬たちで、日本ではダイナカールを中心に血を広げている。ダイナカールとエアグルーヴはオークスを母娘制覇と、府中で強さを見せた。他にもフサイチパンドラ・アーモンドアイは【8－f】だが、アーモンドアイも歴史に名を残す東京巧者である。フサイチパンドラとエアグルーヴも、どちらも牝馬ながら札幌記念を制しているという点も興味深い。競馬の黎明期に分岐した各ラインが今もその個性を引き継いで影響力を持っていると考えると、血統のロマンである。

エアグルーヴの仔であるルーラーシップは香港GⅠの勝ち馬だが、ヴィクトワールピサやアーモンドアイも海外GⅠの勝ち馬。ソウルラッシュやグランプリボスも香港マイルで馬券圏内に食い込んでいる。オルフェーヴルがフランスでも活躍したのはステイゴールドの血によるものと思われがちだが、もしかすると8号族由来のものなのかもしれない。（緒方きしん）

ウインバリアシオン

勝てなかったライバルとの「記憶」に残る戦い

2008年生まれ　牡　鹿毛

2024年の菊花賞で、ウインバリアシオン産駒のハヤテノフクノスケがGI初出走を果たした。父のような走りはみられなかったが、レース後、10年前の自分を思い出した。

ウインバリアシオンは私の競馬観を作ってくれた馬だった。一口馬主として出資した最初の馬でもある。クラブのパンフレットを目にすると「母スーパーバレリーナ」に目を魅かれた。長距離で走りそうな体型に見えて、一口価格も4万5千円とお手頃だった。

8月のデビュー戦を勝ち、2戦目の野路菊Sを連勝すると出資額は戻ってきた。その後重賞で3戦とも4着以下だったが、青葉賞を最後方からの直線一気で快勝すると、私は震えが止まらなかった。知り合いの個人馬主が「一度でいいから出走させたい」と語っていたダービーへの出走が決まったのだ。

ダービー当日、東京競馬場に足を運んで愛馬を見つめ続けた。前年までは「どの馬が勝つか」との予想が楽しかったが、予想など浮かばない。「青葉賞馬は勝てない」とのジンクスもまるで頭になかった。ゲートが開くとオルフェーヴルとともに後方からレースを進め、同馬と同じスパートで前を交わしていく。残り100mでオルフェーヴルをとらえそうになると

父　ハーツクライ
母　スーパーバレリーナ
母の父　Storm Bird

戦績　[4-7-2-10]
青葉賞　日経賞
距離適性　中・長距離
脚質　差し

「バリ！　バリ！　バリ！」と声が枯れるほど叫んだが、差は縮まらず1馬身3／4届かずの2着。もの凄く悔しかったが、先述の馬主に「ダービー2着なんて凄すぎる。いい馬に投資したね」と言われた。

後で聞いた話によると、ダービー当日は裂蹄しており、陣営も出走に関して不安をもっていたという。100％の状態ではない状況で、かのオルフェーヴルに最も詰め寄ったのである。

秋は神戸新聞杯・菊花賞ともオルフェーヴルの2着。古馬になり春の天皇賞では初めてライバルに先着（3着）したが、続く宝塚記念（4着）のレース後に屈腱炎を発症してしまう。「引退するかも…」と悲しくなったが、愛馬は1年半近くの休養を経てターフに戻ってきた。

5歳初戦の金鯱賞。パドック映像でプラス30キロと表示され「さすがに厳しい」と感じたが後方から追い上げ3着に食い込む。次走の有馬記念でオルフェーヴルと七度目の対戦を迎えた。かつてのライバルは凱旋門賞を2年連続2着と世界的な名馬となり、有馬記念でターフを去ることが決まっていた。偉大さを感じてレースを見つめると、後続を8馬身突き放すオルフェーヴルの圧勝劇。1秒以上突き放されつつ、愛馬は2着を確保した。

ライバルの引退後、日経賞で重賞2勝目を挙げると、次走の天皇賞でまたも2着。7歳まで走り続け投資金額は30倍以上となったが、何より脳裏に激しく刻まれているのが「オルフェとの戦い」だった。

（織田茂典）

ゴールドシップ

一度だけ実現した黄金配合同士の対決

2009年生まれ
牡
芦毛

ブラッドスポーツである競走馬生産において、血統は非常に重要なファクターだ。例えば、3代前と4代前に同じ馬を持つ馬を配合する3×4。奇跡の血量とも呼ばれる血統理論からは世界中で名馬が誕生している。このように優れた馬を生み出しやすい相性のいい組み合わせというものが存在するなか、オルフェーヴルと兄ドリームジャーニーの活躍もあって、父ステイゴールドと母父メジロマックイーンの配合に注目が集まるようになる。しかし、2頭は同じ父と母を持つ兄弟馬。たまたま両親の相性が良かっただけの可能性もあった。ところが、母が異なる組み合わせからもう1頭の名馬が出現する。オルフェーヴルの一つ下の世代で、父ステイゴールド、母ポイントフラッグの間に誕生したゴールドシップだ。

2015年の宝塚記念で世紀の大出遅れを打ち噛《か》まし、一瞬にして約120億円分の馬券を紙くずに変えた120億円事件をはじめとした破天荒キャラの印象も強いが、実力は間違いなく本物。3歳時には皐月賞と菊花賞のクラシック二冠に輝き、その余勢を駆って年末のグランプリレース有馬記念も制覇。古馬になってからも13年&14年の宝塚記念、15年の天皇賞・春とGⅠを6勝。オルフェーヴルに続いて大レースを勝ちまくる名馬が誕生したことか

父 ステイゴールド
母 ポイントフラッグ
母の父 メジロマックイーン

戦績 ［13-3-2-10］
皐月賞　菊花賞　有馬記念　宝塚記念2勝
天皇賞・春
距離適性 長距離
脚質 差し・追い込み

ら、父ステイゴールドと母父メジロマックイーンの組み合わせは黄金配合として広く認知されるようになった。

では、一体どちらが強いのか。当時の競馬ファンの興味はこの1点に集まるも、5歳時のオルフェーヴルが前年敗れた凱旋門賞を見据えたローテーションを歩んだことで、両雄が顔をあわせる機会はなかなか訪れなかった。そんな黄金配合同士の対決が13年の有馬記念でついに実現。レース前にはここを最後にオルフェーヴルは引退と発表されていた。1回限りのガチンコ対決となったことで、当日の中山競馬場は異様な熱気に包まれていた。

16頭が出走するなか、オルフェーヴルが1・6倍の1番人気、ついでゴールドシップが4・4倍の2番人気の支持を集め、あとはすべて2ケタオッズという完全な二強ムードでレースが始まる。スタート直後から中団後方につけたゴールドシップのすぐ後ろにオルフェーヴルという隊列でたんたんと進むなか、3コーナーのカーブでオルフェーヴルが仕掛ける。一気に前を飲み込むと、先頭で最後の直線へ。ゴールドシップの鞍上ムーアも必死に手綱を扱いて抵抗を試みるが手応えの差は歴然。後続との差を広げるオルフェーヴルとは対照的に、いつもの末脚が影を潜めるゴールドシップはウインバリアシオンを交わせず3着に終わった。

9馬身半という予想だにしない大差で幕を閉じた黄金配合対決だが、現在はともに種牡馬として活躍中。両雄の対決・第2ラウンドは続いている。

（安藤康之）

ジェンティルドンナ

類まれなる勝負根性を披露したマッチレース

2009年生まれ
牝
鹿毛

ジャパンC当日の朝。コンビニで購入したスポーツ新聞を見ていると、著名な穴記者が次のようなことを記していた。

「史上二度目の三冠馬対決。オルフェーヴルの能力は日本一だが、ジェンティルドンナにも相応、いやそれ以上の勝負根性を感じてならない」

桜花賞では前を行くヴィルシーナを後方から差し切り、オークスでも出走馬中唯一の上がり34秒台という末脚でヴィルシーナを5馬身突き放したジェンティルドンナ。何より驚いたのは前走の秋華賞。向正面から捲ったチェリーメドゥーサが3コーナー手前で加速、直線に入ると2番手以下を5～6馬身ほど離している。「すわ大逃げか！」と感じた直後、馬場の三分どころからチェリーメドゥーサとの差を詰めるヴィルシーナを外から差し切った。

「全く並んでゴールイン！」とアナウンサーが叫んだほど壮絶な一騎打ちはハナ差でジェンティルドンナが勝利。

史上4頭目の三冠牝馬、その末脚はすさまじいものだった。

ゴール直後、同馬の勝負根性を感じたファンも多かっただろう。人間と同じく競走馬も様々

父	ディープインパクト
母	ドナブリーニ
母の父	Bertolini

戦績	[10-4-1-4] 桜花賞　オークス　秋華賞 ジャパンC2勝　ドバイシーマC　有馬記念
距離適性	マイル～長距離
脚質	先行

な性格を有しており、自身の能力を発揮するには「負けたくない!」という気性が重要となる。その感性が大きな馬ほど勝ち続けると筆者は自分なりの仮説を描いているが、ジェンティルドンナの走りを観ると「もの凄い勝負根性」を感じてならなかった。

その根性は、次走のジャパンCでさらに広く知られることとなる。1歳上のオルフェーヴルとの初対決で3番手を走ったジェンティルドンナは、残り200mとなった手前で前を走るビートブラックを捉えにいく。その直後、外から迫ったオルフェーヴルと馬体がぶつかった。残り100mを過ぎると2頭のマッチレース。「負けてたまるか!」と内のジェンティルドンナがハナ差で外のオルフェーヴルに先着した。

このレースを捉えた知り合いの競馬カメラマンはレース後、「2頭の勝負根性は凄かった。特にジェンティルドンナの走りからは『お前に負けるか!』という気迫を感じた」と酒を飲みながら語ってくれた。

レースは審議となり岩田康誠騎手は騎乗停止となるも着順は変わらず。40年以上も競馬を見続けてきたが、「マッチレースにおける勝負根性」では史上トップだと思っている。ナリタブライアン&マヤノトップガンの阪神大賞典以上かもしれない。

この根性こそ、同馬がGI7勝を手にした大きな要因だろう。ラストランの有馬記念を勝った瞬間、牝馬とは思えぬ気迫を感じ、涙を浮かべてしまった。

(小川隆行)

まさに死闘と呼ぶにふさわしい！
凄まじい気迫でオルフェーヴルをハナ差おさえ、
ジェンティルドンナは歴史的名牝となった

オルフェーヴル対ジェンティルドンナの一騎打ち。3着馬との着差は2馬身半。内を走った牝馬三冠馬の勝利は4キロ差がものをいった。

ホエールキャプチャ

後の三冠馬を初めて下した「息の長い名牝」

2008年生まれ
牝
芦毛

オルフェーヴルのファンの中でまことしやかに囁かれているのが、「牝馬に弱い説」。敗れた9戦中、牝馬に敗れたのは実に4戦もある。ヤンチャそうに見えて実は繊細というオルフェーヴルのキャラクター性と関係があるかは別として、彼が初めて負けた相手は同い年の牝馬、ホエールキャプチャだった。

同馬はデビュー2戦目で初勝利を飾ると、10月の中山開催2歳オープン戦、芙蓉Sでオルフェーヴルと対峙。4年前のドリームジャーニーとともに兄弟制覇を目指したオルフェーヴルは単勝2・1倍の1番人気に支持され、ホエールキャプチャは単勝11・1倍の5番人気に留まった。

ゲートが開くと、ホエールキャプチャはスタートからすんなりと先手を取って逃げ、前半3ハロンを36秒4というスローな流れに落とす。オルフェーヴルはその流れを後ろから3頭目という位置で追走したが、口を割って折り合いを欠いてしまう。直線に入ると外から猛然と追い込んだが、ロスなく走ったホエールキャプチャが首差先着して1着。オルフェーヴルは上がり最速の脚で追い込むも届かず初黒星を喫した。

父 クロフネ
母 グローバルピース
母の父 サンデーサイレンス

戦績 [7-4-5-14]
ヴィクトリアM
距離適性 マイル〜中距離
脚質 先行・差し

オルフェーヴルの戦績をみると、この敗戦がターニングポイントとなった気もする。次走の京王杯2歳Sでは幼さ全開で10着に大敗。兄が勝利した朝日杯FSに出走することなく放牧に出されたことで気性面が成長し、3歳以降の躍進に繋がったのではないか。

一方のホエールキャプチャはソツのないレース振りで馬券圏内を外すことはないものの、GIではあと一歩足りず、三冠を制したオルフェーヴルとは対照的な成績に。4歳春のヴィクトリアMでようやくGI制覇を果たすと、続く宝塚記念で1年9カ月ぶりにオルフェーヴルと相対した。

今度は直線で内を突いたオルフェーヴルが快勝し、ホエールキャプチャは14着に大敗。古馬になって成熟した彼にはかなわなかった。ここから5戦連続で2ケタ着順となり「さすがにここまでか…」と思いきや、前年の優勝馬にもかかわらず12番人気と低評価だったヴィクトリアMで2着と復活。その後も重賞で2勝を積み重ねた。

4歳で初GI勝利を挙げ、5歳でGII府中牝馬Sを勝ち、6歳で牡馬相手のGIII東京新聞杯を、57キロを背負い制覇。多くの牝馬は凡走が続くとターフを去るが、同馬は復活を果たした結果、4年連続で重賞勝利を挙げている。こんな牝馬はなかなか記憶にない。

同馬は初年度にオルフェーヴルと配合され、アルママを送り出す。青葉賞にも出走するなど、同期のナイママとともに注目を集めた。

（福嶌弘）

グランプリボス

GⅠ前哨戦で雌雄を決した直接対決

2008年生まれ
牡
鹿毛

クラシックを狙う才能豊かな若駒たちは、使うレースを絞って余力を残し本番に向かうというのが近年のトレンドだ。その意味でクラシック一冠目となる皐月賞までに6戦を使ったオルフェーヴルは現代でいえば稀有な存在といえる。だからこそ戦歴を振り返った時に意外な相手と戦っていたりするからおもしろい。マイルを主戦場にしていたグランプリボスもオルフェーヴルと相対した1頭だ。

サクラバクシンオーは1200m戦を8回走って7勝、1993年と94年のスプリンターズSを史上初めて連覇するなど、快速で鳴らした名スプリンター。種牡馬としてもショウナンカンプ、ビッグアーサーと2頭の高松宮記念馬を送り出した。そんなスプリント色の強い父を持つグランプリボスだが自身は2010年の朝日杯FS、11年のNHKマイルCとマイルGⅠで2勝を挙げ、名マイラーとして名を馳せた。

オルフェーヴルとの最初の遭遇は京王杯2歳S。2歳戦とはいえ、後に3000mのGⅠ菊花賞を制するオルフェーヴルが1400m戦に参戦したことで実現した初対決は、道中前目で運んだグランプリボスが残り200mで抜け出す勝利で終わった。1番人気に推された

父　サクラバクシンオー
母　ロージーミスト
母の父　サンデーサイレンス

戦績　[6-4-2-16]
朝日杯FS　NHKマイルC
距離適性　短距離
脚質　先行・差し

オルフェーヴルは、道中で鞍上の池添謙一騎手が手綱を引っ張るシーンが見られるなど幼さをのぞかせ、最後は後方から追い上げるも前が止まらず0秒8差の10着に敗れた。

二度目の対決は皐月賞トライアル・スプリングSで実現した。京王杯2歳S後に朝日杯を制して最優秀2歳牡馬に輝いたグランプリボス。対するオルフェーヴルはシンザン記念2着、きさらぎ賞3着と取りこぼしが続く。対照的な軌跡を描く両者だったが、ファンが支持したのはオルフェーヴルだった。

スタートが切られ、好発を決めたグランプリボスは道中2番手につける。一方、オルフェーヴルは京王杯2歳Sで見せた幼さをのぞかせることなく、後方11番手を進んで行く。4コーナーに入って抑えきれない手応えでグランプリボスが先頭に立つと、オルフェーヴルも外を通って4、5番手まで押し上げた。最後の直線に入って押し切りを図るグランプリボスに馬場の真ん中を通ってオルフェーヴルが襲いかかる。ラスト200mを過ぎて先頭に立ったオルフェーヴルがそのまま先頭でゴール。グランプリボスも必死で喰らいついたが、最後は力尽き、後続にも交わされて4着。ライバルにリベンジを許した。

その後、両雄の対決はなく、対戦成績は五分に終わった。距離適性の差が勝敗を分けた感もあるが、スプリングSにしても決定的な差とは言い難い。もしNHKマイルCにオルフェーヴルが参戦していたら、勝利の女神はどちらに微笑んだのだろうか——。

（安藤康之）

レッドデイヴィス

重賞3勝&オルフェを下した「名セン馬」

2008年生まれ
セン
鹿毛

史上7頭目のクラシック三冠馬となったオルフェーヴル。その三冠レースには、優れた血を残すため種牡馬や繁殖牝馬の価値を高める選定競走の意味合いがあり、牝馬限定戦はもちろん、2、3歳限定のGIや一部の前哨戦にセン馬が出走することはできない。ただ、この世代には優れた競走能力を持つ1頭のセン馬がいた。レッドデイヴィスである。

近親に、菊花賞と豪国のGIメルボルンCを制したデルタブルースがいる良血馬レッドデイヴィスは、調教で併せ馬をしても行く気がなく、集中力を欠き、1頭で追うと止めてしまう面があった。そこで、管理する音無秀孝調教師はデビュー前に去勢を決断。すると、3戦目で初勝利を手にし、千両賞9着を挟んだ平場の500万条件（現1勝クラス）で断然人気のディープインパクト産駒サトノオーラを相手に1位で入線するも、直線、カラ馬に気をとられ外に膨れたことで他馬の進路を妨害し、10着に降着となってしまう。

しかし、これがレッドデイヴィスの闘志に火をつけた。汚名返上とばかりに中1週でシンザン記念に臨むと、好位追走から直線半ばで抜け出し、ゴール前は手綱を緩めるほどの完勝。7番人気馬とは思えないほどの堂々たる内容で、2着オルフェーヴル以下ライバルを一蹴し、

父　アグネスタキオン
母　ディクシージャズ
母の父　トニービン

戦績　[5-2-0-18]
シンザン記念　毎日杯　鳴尾記念
距離適性　中距離
脚質　先行

前走の鬱憤を晴らした。ちなみに、このレースの3着マルセリーナは後に桜花賞を制覇。さらに7着までが後に重賞を勝つという素晴らしいメンバー相手の完勝だった。

さらに、レッドデイヴィスの進撃は続く毎日杯でも止まらず、名牝ブエナビスタの半弟トーセンレーヴなどの良血馬や、後の重賞ウイナーらを相手に再び完勝。このレースのゴール板通過後、実況担当のラジオNIKKEI小塚歩アナウンサーが発した「我が道を行くレッドデイヴィス！」というフレーズは、春のGIに出走が叶わない自らの運命を受け入れながら、目の前の仕事を黙々とこなしていく同馬の現状を端的に表す名実況だった。

その後、重賞3連勝を懸けた京都新聞杯で10着に敗れ、レース後に剥離骨折が判明したレッドデイヴィスは、7カ月の休養を挟んで出走した鳴尾記念を快勝。念願の晴れ舞台、有馬記念に天才・武豊騎手とのコンビで臨むも、自身の休養中に三冠を制したオルフェーヴルに雪辱を許し9着。すると、そこからはかつての輝きを失ってしまい、怪我の影響もあったか15戦して1勝に留まり、15年の宝塚記念7着を最後に引退、乗馬に転向した。

現役生活でレッドデイヴィスが輝きを放ったのは実質1年だった。しかし、GIの中でも特に華やかな春のビッグレースに出走が許されない自身の境遇を、レッドデイヴィスはまるで理解しているかのごとく受け入れ、与えられた目の前のタスクに真摯に取り組んだ。そんな彼の健気な姿に、心打たれたファンは決して少なくないだろう。

（齋藤翔人）

トーセンラー

ディープ初年度産駒は稀代の京都巧者

2008年生まれ
牡
黒鹿毛

2010年の競馬界といえば、大きな注目を集めていたのが「三冠馬ディープインパクトの産駒がデビュー」という点である。三冠馬ナリタブライアンは若くしてこの世を去ったこともあり2世代で中央のレースに114頭が出走し、44頭が勝利も重賞は未勝利とポテンシャルを発揮しきれなかったが、ディープインパクトの場合、アグネスタキオンやスペシャルウィークといったサンデーサイレンス直仔の種牡馬が活躍していたこともあり、不安よりも期待が大きかった。期待値の高さは、ディープインパクトに集まった繁殖牝馬の良血ぶりを見ても一目瞭然。そんなディープインパクトの輝かしい種牡馬デビュー世代に登場したのが、ステイゴールド産駒オルフェーヴルであり、ディープインパクト産駒トーセンラーである。

2頭が初めて激突したのは、きさらぎ賞。同時にオルフェーヴルとウインバリアシオンが初めて対峙した舞台でもあり、他にも後に重賞2勝を挙げるメイショウナルトやNHKマイルCで2着となるコティリオン、中山大障害を制するマーベラスカイザーなど多彩なメンバーが集結した。ゲートが開くとリキサンマックスが大逃げで粘り込みをはかる展開に。直線で後続が猛然と追い込むが、道中の位置取りの差もあってリキサンマックスをとらえられた

父 ディープインパクト
母 プリンセスオリビア
母の父 Lycius

戦績 [4-5-6-10]
マイルCS
距離適性 （京都競馬場なら）不問
脚質 差し

のはトーセンラーのみ。オルフェーヴルは上がり最速の末脚を繰り出したものの3着まで、1番人気ウインバリアシオンは4着に終わる。トーセンラーのこの勝利は、ディープインパクト産駒にとってダノンバラードのラジオNIKKEI杯に続く重賞2勝目。3着のオルフェーヴルは次走のスプリングSから6連勝で三冠馬・年度代表馬の座にのぼり詰める。

きさらぎ賞の舞台は、京都競馬場。トーセンラーは京都で無類の強さを示した馬だった。マイルCSや京都記念を制覇、天皇賞・春で2着、菊花賞で3着と京都であれば1600m〜3200m戦まで距離を問わず好走を続けた。通算戦績は[4-5-6-2-1-7]で、京都競馬場での戦績は[4-2-4-2-0-0]と、歴史に残る京都巧者である。ただし引退後、種牡馬としてはドロップオブライトやザダルなどの重賞馬を出しつつも、京都競馬場の芝で勝利を挙げた産駒はアイラブテーラーのみというのもおもしろい。

ディープインパクト初年度産駒4頭（マルセリーナ、リアルインパクト、トーセンラー、ダノンシャーク）の国内GI勝利は、すべてマイル戦。だがトーセンラーが示したように、1600m〜3200mと様々な距離で走る産駒を出す種牡馬として、歴史に名を残していくことになる。

トーセンラーとオルフェーヴルの「京都競馬場での直接対決」。きさらぎ賞は1着トーセンラー・3着オルフェーヴル、菊花賞は1着オルフェーヴル・3着トーセンラーと、同期の三冠馬に対して堂々たる「イーブン」でフィニッシュした。

（緒方きしん）

ギュスターヴクライ

名馬の逸走で初重賞制覇を遂げた良血馬

2008年生まれ
牡
黒鹿毛

　伝説という言葉は起こりえないことを可能にする力によってつくられる。我々がもつ常識という尺度を飛び越える、信じられないものを目にすることで、それは伝説として語りつがれる対象になる。負けない、強いもいいが、それは物語という枠からは抜けられない。伝説まで昇華するには決して真似できないエピソードがなければならない。それも敗戦であることが大きい。オルフェーヴルの父ステイゴールドがなぜ、愛され続けるのか。歴史に残る名勝負で負けてきたからだ。惜敗の山の先にある最後の勝利。敗戦から立ち上がる物語は戦後の日本には欠かせない要素だ。

　オルフェーヴルはよく負けた三冠馬として知られる。皐月賞まで4連敗を喫した三冠馬はいない。敗戦から三冠にたどり着いたオルフェーヴルを伝説まで昇華させたのもまた敗戦だった。それはつまり、そのレースに勝ち馬がいたことを示す。2012年阪神大賞典はオルフェーヴルが逸走した伝説エピソードだが、ギュスターヴクライが生涯唯一の重賞勝利を挙げたレースでもある。「あのオルフェーヴルの伝説級のレース」そう表現されることを果たしてギュスターヴクライはどんな思いで受け止めているだろうか。

父　ハーツクライ
母　ファビラスラフイン
母の父　Fabulous Dancer

戦績　[5-2-5-7]
阪神大賞典
距離適性　中・長距離
脚質　差し

だからこそ、本項ではギュスターヴクライについて改めて語っていく。父ハーツクライ、母ファビラスラフインだから、父母ともにGI馬という超良血だ。初勝利は3歳1月。オルフェーヴルがシンザン記念で負けた2週間後だった。クラシック出走を逃し、3勝目を挙げたのはオルフェーヴルが有馬記念を勝つ中山開催の開幕週でもあった。ここからギュスターヴクライは一気に強くなる。ハーツクライらしい成長曲線と言えよう。4歳2月ダイヤモンドSでは軌道に乗った良血馬として評価を受け、1番人気2着。長距離戦での手応えを得た。

こうした軌跡をたどり、ギュスターヴクライは阪神大賞典でようやく同期オルフェーヴルと同じ舞台に立った。外目でオルフェーヴルが暴れるように走る中、ギュスターヴクライは内ラチ沿いにポジションをとり、気分良さそうにレースに入っていく。オルフェーヴルの上昇にあわせ、展開が厳しくなっても、ギュスターヴクライは平静を保つ。そして、迎える2周目向正面。画面から消える三冠馬に対し、抜群の手応えで進出していく。直線で逃げ馬の外に持ち出し、先頭へ。定石通りの競馬で勝ちに行くと、競馬に戻ってきた三冠馬が外から猛然と追い上げてきた。だが、ギュスターヴクライはゴール前で同じ脚色になるほど粘った。逸走から大外を獣のごとく襲いかかった伝説の脚も、そうはいっても同じサラブレッド。同じ脚色に持ち込めば、アドバンテージを崩されはしない。叩き上げの超良血がみせた最後の抵抗こそがオルフェーヴルの伝説性を高めたのだ。

（勝木淳）

ビートブラック

いくつもの隠れ記録を作った「天皇賞制覇」

2007年生まれ
牡
青毛

オルフェーヴルが史上7頭目の三冠を達成した1年前。菊花賞に出走したビートブラックは、後続を大きく離して逃げるコスモラピュタの3番手でレースを進めた。内側を走る優勝馬ビッグウィークをマークする形でレースを進め、直線でも末脚は衰えない。ゴール前でローズキングダムに差されるも3着を確保、3連単33万馬券の立役者となった。

このレースはデビュー後15戦目だったが、グレード制後の菊花賞3着以内馬の菊花賞時のキャリアをみると、2002年1着ヒシミラクルの17戦、84年2着ゴールドウェイの16戦に次ぐ3番目の数値で、まさに遅咲きの馬である。

ヒシミラクルが春の天皇賞を制した通り、ビートブラックも同レースを優勝した。ただしヒシミラクルは半年後、ビートブラックは1年半後である。

菊花賞の次走でオリオンSを勝つも、3戦を挟んで天皇賞・春は7着に敗れた。秋初戦の京都大賞典は2着と好走したが、その後重賞で5戦連続敗退。5歳春の阪神大賞典はオルフェーヴルが逸走したレースであり、同馬はオルフェーヴルをマークする形で3番手を走った。再び盛り返したオルフェーヴルが上がり36秒7の脚で2着を確保したが、ビートブラックは

父　ミスキャスト
母　アラームコール
母の父　ブライアンズタイム

戦績　［6-4-3-21］
天皇賞・春
距離適性　中・長距離
脚質　逃げ・先行

ズルズルと後退、勝ったギュスターヴクライから4秒も遅れてゴールイン。

しかし、次走の天皇賞では前を走るゴールデンハインドの2番手に付けると、2周目の3コーナー手前でペースを上げ先頭に躍り出た。持ち前のスタミナを活かす作戦は功を奏し、後続の馬は突き放されていく。11着と惨敗したオルフェーヴルに1秒8もの大差でGI制覇。重賞未勝利馬が春の天皇賞を勝った例は、マイネルキッツ、ジャガーメイルに次いで3頭目。

また、天皇賞制覇の単勝は159倍だったが、この配当も89年エリザベス女王杯のサンドピアリス（20番人気・430倍）、14年フェブラリーSのコパノリッキー（16番人気・272倍）、00年スプリンターズSのダイタクヤマト（16番人気257倍）、24年ヴィクトリアMのテンハッピーローズ（14番人気・208倍）に次ぐ、グレード制以降5番目のGI単勝高配当だ。

もう一つ。前走で4秒離された馬が、次走でGIを勝った例もビートブラックのみ。これに次ぐのは21年安田記念ダノンキングリーの2・9秒（障害を除く。グレード制後）。延べ780レースほどのGI戦で「最大に盛り返した馬」でもあった。

さらに。ビートブラックは34戦して6勝を挙げたが、6勝の騎乗者は鮫島良太、内田博幸、浜中俊、M・デムーロ、岩田康誠、石橋脩の各騎手。2勝以上を挙げた騎手はいない。

競走馬の毛色で1％に満たない青毛馬は、数多くの記録を作り上げた「隠れ名馬」だと感じている。


（小川隆行）

ベルシャザール

ダート転向により開花した「秘めた才能」

2008年生まれ
牡
青鹿毛

日本の競馬界において、日本ダービーを頂点にした3歳クラシックレースは一際大きな意味を持っている。それゆえに2歳時にホープフルS（当時オープン）を制覇し、早くから才能の一端を見せていたベルシャザールがクラシック路線へと歩を進めるのは当然の判断だったと言える。しかし、ベルシャザールの前には怪物が立ちふさがることになる。

明けて3歳になったベルシャザールは、共同通信杯4着後にスプリングSに出走。オルフェーヴルとの初顔合わせとなった一戦は、3／4馬身差の2着に惜敗する。その雪辱を果たそうと出走した皐月賞だったが、逆にオルフェーヴルに大きく差を広げられ11着と惨敗。続く日本ダービーでは3着に善戦したが、再びオルフェーヴルの後塵を拝した。秋はセントライト記念から始動するも4着。ライバルに一矢報いるべく挑んだ菊花賞は、オルフェーヴルが三冠達成の歓喜に包まれる中17着に終わった。

打倒オルフェを誓った4歳シーズンだったが、初戦のダービー卿チャレンジトロフィーで15着に敗れた後、骨折が判明。長期休養に入り、そのままシーズンを終えた。

ベルシャザールが再びレースに戻ってきたのは、5歳のナリタブライアンC。1年以上の

父　キングカメハメハ
母　マルカキャンディ
母の父　サンデーサイレンス

戦績　[6-2-4-6]
ジャパンCダート
距離適性　中距離
脚質　先行・差し

長期休養明けとなる復帰戦はダートに舞台を移した一戦だったが、これが大きな転機となる。初ダートながら3着と適性を見せると、続く白川郷Sでは2年6カ月ぶりの勝利で1600万下クラスを卒業。オープンを2戦挟んで、武蔵野Sへ。鞍上にはホープフルS以来となるルメール騎手を配し、必勝体制で臨んだ。道中5番手の好位でレースを進めるも、直線ではなかなか前が空かない。それでもラスト200mあたりで馬群を力強く割って抜け出すと、最後は2着に3/4馬身差をつける完勝劇。ついに待望の重賞勝利を飾った。

そして迎えたジャパンCダート。ホッコータルマエやエスポワールシチーなど、ダートの強豪が集う中、ベルシャザールは新星誕生の期待を背負って3番人気の支持を集めた。レースはまずまずのスタートから中団に控えると、外目を通って徐々に前へと進出。6番手で最後の直線に向くと、ルメール騎手のアクションに応えて一完歩ごとに前との差を詰めていく。そして、ゴール直前でホッコータルマエを交わすと、一緒に追い込んできたワンダーアキュートの追撃も首差で凌ぎ切り1着でゴール。わずか半年の快進撃で、一気にダート界の頂点を奪ってみせた。

ダートで才能が花開いたベルシャザールと、産駒成績を見ればダート適性があったことは疑いようのないオルフェーヴル。芝では大きく水をあけられたが、もしダートの舞台で再戦が叶っていれば、両雄のライバル物語にどんな1ページが刻まれただろう。

（安藤康之）

サダムパテック

マイル戦に照準を合わせた「最初のライバル」

2008年生まれ
牡
鹿毛

今思えば、皐月賞が始まるまでのオルフェーヴルとサダムパテックはよく似た存在だったように思う。

デビュー戦こそ快勝したオルフェーヴルだったが、2戦目の芙蓉Sで2着に敗れるとそこからまさかの4連敗。特に2歳時は燃え上がるような気性が災いしての敗戦が続いたが、サダムパテックもレースでは激しい気性が災いすることがしばしば。東京スポーツ杯2歳Sこそ出遅れながらもC・スミヨン騎手を背に突き抜けて快勝したが、続く朝日杯FSでは出遅れた上にスミヨン騎手に「制御不能」と言われるほど折り合いを欠いて4着に完敗。1番人気を裏切る形になった。

ともに素質は高いが激しい気性が懸念されていた2頭。だが、サダムパテックは3歳初戦の弥生賞を制して一足先にそのスパイラルから抜け出すと、クラシック本番となる皐月賞でも1番人気に。一方、スプリングSを勝ってようやくクラシックに乗り込んだ形のオルフェーヴルは4番人気止まり。大観衆が集まる東京競馬場で普段通りの走りができるかが最大の懸念点となった。

父　フジキセキ
母　サマーナイトシティ
母の父　エリシオ

戦績　[6-2-3-19]
マイルCS
距離適性　マイル〜中距離
脚質　先行・差し

だが、ゲートが開くとサダムパテックがいつものように出遅れて掛かり気味に中団に上がっていく。幼さが残る走りを見せる一方、オルフェーヴルは控えて後方のインコースで脚を溜めるという大人びた走りに変化。今までの彼からは想像がつかないような走りを見せると、直線では自慢の末脚が爆発してサダムパテックに3馬身という決定的な差を付けて完勝し、クラシック一冠目をもぎ取ってみせた。

この一戦以降、似た者同士だったはずのサダムパテックとオルフェーヴルの差が開き始める。ダービーでは降りしきる雨の中で輝いたオルフェーヴルと対照的に、サダムパテックは馬場に脚を取られて7着。秋には長距離戦である菊花賞で5着に健闘したが、およそ5馬身前でオルフェーヴルが三冠ゴールを決めていた。

その後、サダムパテックは矛先を中距離戦からマイル戦へと移したため、オルフェーヴルと対戦することはなかった。4歳の秋にはマイルCSで念願のGⅠ制覇を果たしたが、2歳時から続いた出遅れ癖は、引退間際の6歳になっても解消されないまま、30戦ほど走ってキャリアを閉じた。

もしも皐月賞でサダムパテックが出遅れずに走れたら、どうなっていただろう。古馬になってからも2頭のライバル関係は続き、熱い戦いがもっと見られたかもしれない…と、今も想像している。

（福嶌弘）

アヴェンティーノ

幾度も転厩を重ねた「凱旋門賞の帯同馬」

2004年生まれ
牡
鹿毛

ひとり、見知らぬ国へ赴き、その生涯最大の勝負に挑む。勝負師はいつだって孤独だ。重圧に耐えてこそ、真の勝負師というもの。これこそ言うは易し、行うは難し。意味がわからない言葉が飛び交う地で勝負に欠かせない平常心を保つのは人間だってできない。見たこともない風景にひたすら目を奪われ、我を失うのは自明の理だ。まして、見知らぬ国へ旅立つことすらよくわからない競走馬が長時間の輸送を経て、見たこともない世界へやってきたらどうなるか。想像するまでもない。

暴れん坊のオルフェーヴルはやんちゃな反面、寂しがりでもあった。なんとも人間味あふれる性格だが、凱旋門賞挑戦の障壁となるのは明らかだった。陣営は当然、帯同馬を探す。異国で調教パートナーの役割を担う帯同馬として有名なのはディープインパクトとフランスへ渡ったピカレスクコートやマンハッタンカフェのパートナーを務めたイーグルカフェなど同厩舎、いわば僚馬が多い。だが、オルフェーヴルの帯同馬アヴェンティーノは渡仏時こそ同じ池江泰寿厩舎に所属していたが、元は当時、開業2年目の高野友和厩舎にいた。僚馬ではなく、あまり面識がない馬が帯同馬に指名されるのは珍しい。一緒に異国で生活し、安心

父	ジャングルポケット
母	アッサムヒル
母の父	サンデーサイレンス
戦績	[4-3-5-39] 白鷺特別（1000万下）
距離適性	中距離
脚質	先行・差し

させる存在が初対面に近いのは不思議な組み合わせと言わざるを得ない。

アヴェンティーノは２００７年、中尾正厩舎からデビューした。初出走で既走馬相手に未勝利を勝ち、夏に2勝目を挙げ、中尾厩舎で28戦4勝の戦歴を残す。だが、自身が5歳春を迎える時点で中尾正調教師が定年により引退。厩舎の解散を経験する。転厩先は入れ替わりに開業した須貝尚介厩舎。須貝厩舎で13回出走した後、7歳で新たに開業する高野友和厩舎へ移る。そして翌年、オルフェーヴルの帯同馬として池江泰寿厩舎へ。デビューから三度の転厩なんてそうあることではない。うち2回は新規開業厩舎。この事実からアヴェンティーノがいかに扱いやすい馬だったのかが伝わる。馬房を定期的に替わった経験がどんな場所でも動じない帯同馬としての資質を高めたともいえよう。

暴れん坊と流れもの。このキャスティングが絶妙だった。オルフェーヴルは渡仏後もアヴェンティーノがいたことで、ホームシックになることなく、凱旋門賞を迎えた。さらにいえば、アヴェンティーノは前哨戦のフォワ賞でペースメーカーを務め、進路をつくるというアシストまでした。本番では一緒に馬場に入り、レース中もオルフェーヴルの近くを走り、落ち着かせるという徹底ぶりだった。帯同馬というと、従者のイメージもあるが、アヴェンティーノはそうではない。むしろ戦友だった。オルフェーヴルと一緒に最後まで戦えること。他厩舎のアヴェンティーノが選ばれた理由はここにあった。


（勝木淳）

マルシュロレーヌ

日本中を驚愕させた「国際ダートGⅠ」初優勝

2016年生まれ
牝
鹿毛

　オルフェーヴルの父ステイゴールドが持っていた魅力の一つに意外性がある。その魅力は直仔だけでなく、自身の孫、すなわち後継種牡馬の産駒にもしっかりと引き継がれた。ダート適性もその一つといえるだろう。しかし、オルフェーヴルが種牡馬入りした当初、ダートの世界最高峰といわれる米国の、よりによってブリーダーズCを勝つ産駒が誕生すると予言した人が果たしていただろうか。

　二代母に桜花賞馬キョウエイマーチがいる良血馬マルシュロレーヌの転機となったのは4歳の夏。小倉芝2000mの3勝クラス博多Sで、タイム差なしの2着と好走したところだった。一般的には、次走も芝のレースを続戦しそうなところ、担当の調教助手からダート適性を耳にしていた矢作芳人調教師は、あえて調子の良いこのタイミングでダート転向を決断。中2週で1700mの桜島Sに出走すると、これがズバリとはまった。道中、中団に待機したマルシュロレーヌは直線、極限ともいえる上がり3ハロン35秒0というレース名どおりの爆発的な末脚を繰り出し、絶望的にも見えた前との差をあっという間に逆転。最後は1馬身1／4突き抜ける衝撃的な内容で、初ダートの一戦をものにしたのである。

父　オルフェーヴル
母　ヴィートマルシェ
母の父　フレンチデピュティ

戦績　[9-2-2-9]
BCディスタフ　エンプレス杯
レディスプレリュード
距離適性　中距離
脚質　差し

その後は、牝馬限定の交流重賞に出走し4戦3勝。唯一敗れたＪＢＣレディスクラシックは単勝1・3倍の支持を裏切ってしまったが、それもまたオルフェーヴルの血を引く者らしさであった。そして、平安Ｓ3着、帝王賞8着を経て牝馬限定のブリーダーズゴールドＣで久々の勝利を手にした後に臨んだのが、米国のＧⅠブリーダーズＣディスタフである。

英国のオイシン・マーフィー騎手を配して臨んだこの一戦は、前半800ｍ通過が44秒97という超ハイペースで流れた。ところが、後ろから3頭目に位置したマルシュロレーヌが追走に苦労する様子はまるでなく、むしろ中間点付近から強気にロングスパートを敢行。父同様、巧みに小回りのコーナリングをこなし一気に先頭へ躍り出ると、直線は内に進路を選択したダンバーロードと究極の我慢比べとなった。火の出るような攻防が繰り広げられる中、ここでオルフェーヴルから受け継いだ超一級品の底力と勝負根性が覚醒。それが最後の最後でものをいい、肉眼では判断できないほどの大接戦を制してみせたのである。

写真判定が出た瞬間『世界のＹＡＨＡＧＩ』となった矢作調教師はレース後「もう死んでもいい」と喜びを爆発。この2時間前には、同じ矢作厩舎所属で育成時代も同じ放牧地で過ごしたラヴズオンリーユーが日本調教馬として初のブリーダーズＣ制覇（フィリー＆メアターフ）を成し遂げていた。もしあの時、博多Ｓを勝ち桜島Ｓに出走していなければ――。米国競馬の祭典でこの快挙が達成されることはなかっただろう。

（齋藤翔人）

ウシュバテソーロ

最高獲得賞金を手にした奇跡のダートホース

2017年生まれ
牡
鹿毛

競走馬が変化する条件の一つが「脚質転換」だ。負け続けている差し馬が先行して3着以内に入ると配当は荒れる。競馬を始めて10年目にそのことに気付き、以来月曜日になると「前の週に脚質転換した馬」をチェックするようにしている。金曜日と土曜日には翌日の初ブリンカー馬をマークもしている。

今から3年ほど前。21戦ほど芝を走るもわずか3勝だった差し馬ウシュバテソーロが、最内を突いて4番手と先行した。中山で観ていた私は「あれ?」と思い新聞を見た。ブリンカー着用を見落としていたのでは、と感じたが、同馬の欄に「B」の文字はない。4コーナーで荒れた内を突いた同馬は、勝ったエヴァーガーデンから僅差の6着だった。

4週間後、同馬は初ダートとなる横浜Sに出走した。「芝で脚質転換した次戦でダート」を勝った馬など記憶になく、ゲートが開くと芝時代と同じく後方からレースを進める。「さすがに無理だな」と感じた数分後、同馬は直線で10頭以上をごぼう抜き、2着に4馬身差の圧勝劇をしてみせた。ちなみにこのレースの2着は2024年フェブラリーSを制したペプチドナイルだった。

父　オルフェーヴル
母　ミルフィアタッチ
母の父　キングカメハメハ

戦績　[11-4-5-17]
東京大賞典2勝　ドバイWC　川崎記念
距離適性　中距離
脚質　差し

ここからの快進撃は凄かった。半年の休養明けであるラジオ日本賞こそ3着に甘んじたが、続くブラジルCを勝つとカノープスSも後方13番手から差し切った。2戦とも2着に2馬身以上。ダート重賞初出走となった東京大賞典でもジャパンダートダービー優勝馬ノットゥルノに1馬身3／4差、6歳初戦の川崎記念ではJpn&GⅠ3勝馬テーオーケインズに半馬身ほど先着。勢いに乗って挑戦したドバイワールドCでも、テーオーケインズやパンサラッサ、ジオグリフ、カフェファラオに加え前年のこのレースを勝ったカントリーグラマーら錚々たるGⅠ馬を、道中最後方から2馬身以上も差し切ってみせた。

ホクトベガやヴァーミリアン、クロフネなどダート転向で栄光を手にした馬は数頭見てきたが、これらの馬は芝で重賞を勝っている。芝で2勝クラスを勝つのがやっと、という馬がダートでこれほど成功した例など目にしたことがない。

6歳秋、ダート世界王者を目指したBCクラシックでは5着に敗れたが、続く東京大賞典は2年連続制覇。7歳の24年はサウジC、ドバイワールドC、日本テレビ盃と3戦連続2着で挑んだBCクラシックを10着敗退。この結果を目にして「引退も近づいたか…」と感じたが、同馬は8歳の25年もサウジCからドバイワールドCに出走して引退する予定と発表された。22億円もの獲得賞金はイクイノックスを抜き日本馬の中でトップに。オルフェーヴル産駒の最高傑作だと感じている。

（山本和夫）

ラッキーライラック

2015年生まれ
牝
栗毛

GⅠ4勝を積み上げた「優等生から破天荒」への転換

オルフェーヴルのようにファンが多かった馬の場合、産駒も「いかに父（母）に似ているか」が一番の関心ごとになりがちである。ではオルフェーヴルの初年度産駒、ラッキーライラックはどうだったろうか。毛色こそ父と同じ栗毛だが、馬体はオルフェーヴルよりもずっと大きく、そして何よりレースぶりが優等生そのもの。スタートから好位に付けて流れに乗り、上がり最速の脚で抜け出すという2歳馬らしからぬ大人びた走りは、粗削りだった若きオルフェーヴルとは大違いである。デビューから3連勝で阪神JFを制した際、父よりも成熟しており、クラシック戦線での活躍を思い描かずにはいられなかった。

ところがラッキーライラックは3歳になって躓いた。チューリップ賞を制して迎えた桜花賞は単勝1・8倍の断トツ人気に推されながらも2着に敗れ、父娘の三冠制覇はあえなく夢散する。続くオークスは3着、アクシデントに見舞われた影響でぶっつけとなった秋華賞は9着と大敗。ラッキーライラックの前には父と同じく三冠を制覇したアーモンドアイがいて、彼女は引き立て役となり、この流れは4歳になってからも続いていた。

「優等生だけど、ちょっと物足りない馬」――多くのファンがラッキーライラックに対して

父	オルフェーヴル
母	ライラックスアンドレース
母の父	Flower Alley
戦績	[7-4-3-5] 阪神JF　エリザベス女王杯2勝　大阪杯
距離適性	マイル～中距離
脚質	先行

そういう評価をし始めたころ、彼女は目を覚ました。

フランスの名手、C・スミヨン騎手を迎えたエリザベス女王杯では直線でインを突くという荒業に出ると、スミヨン騎手の右鞭に応えるようにラッキーライラックは逃げるクロコスミアに迫った。その姿はまるで父オルフェーヴルが乗り移ったかのようなド迫力の走りで彼女は1年8カ月ぶりに勝利を摑み取る。

その一戦で気合いが入ったのか、ラッキーライラックは続く香港ヴァーズで2着と好走。5歳の春に挑んだ大阪杯ではクロノジェネシスとダノンキングリーの間を割って伸びる勝負根性溢れる走りでGI3勝目を決める。連覇が懸かるエリザベス女王杯は外から捲るように上がって押し切るなど破天荒なレース運びで完勝した。

優等生なレース運びを捨てた瞬間、まるでスイッチが入ったかのような強さを見せてGIタイトルを積み重ねたラッキーライラック。思えば父も走りに集中した瞬間、破壊的な末脚でライバルたちをブッチギっていた。

GI9勝馬アーモンドアイ、グランプリ3連覇クロノジェネシス、オークス馬ラヴズオンリーユーと、牡馬相手にGIを勝利する牝馬が多い時代だったが、GI4勝を挙げたラッキーライラックも牡馬相手に大阪杯を優勝。一度は暗黒時代を経験しながらもそこから這い上がった勝負根性をみると「この父にしてこの娘あり」と思えてならなかった。

（福嶌弘）

アーモンドアイと牝馬の時代を牽引。
復活した2歳女王が前年に続いて、
エリザベス女王杯連覇の偉業達成

ラッキーライラックはレース史上４頭目のエリザベス女王杯連覇。

勝ちタイム２分10秒３は前年を４秒近く上回り、レースレコードとして今も刻まれている。

エポカドーロ

初のクラシックタイトルをもたらした孝行息子

2015年生まれ
牡
黒鹿毛

日本馬初の凱旋門賞制覇に目前まで迫りながら、あと一歩のところで逃したオルフェーヴル。そんな怪物も8馬身差の圧勝を飾った2013年の有馬記念を最後にターフを去り、凱旋門賞制覇の夢は次世代へと引き継がれた。大きな期待を背負って種牡馬入りしたオルフェーヴルは、初年度産駒から早くも大物を送り出す。

桜花賞に出走(16着)したダイワパッションとの間に生まれ、イタリア語で「黄金の時代」を意味するエポカドーロと名づけられた牡馬は、10月の2歳新馬戦で初陣を迎える。ここを3着に敗れると、成長を促すために休養入り。そのまま2歳シーズンを終えるが、結果としてこの決断は大正解だったと言える。

3歳になり、馬体重を14キロ増やして出走した1月の未勝利戦。福永祐一騎手を背に積極策に出たエポカドーロは、まんまと逃げ切り初勝利を挙げる。続くあすなろ賞も1番人気に応えて勝利すると、皐月賞の出走権をかけて父と同じくスプリングSへ向かった。レースでは最後の直線で逃げ馬をとらえて一度は先頭に躍り出るも、ゴール直前でステルヴィオに差されてハナ差2着。敗れはしたものの、道中は離れた2番手で折り合い、最後まで脚を伸ば

父 オルフェーヴル
母 ダイワパッション
母の父 フォーティナイナー

戦績 [3-2-1-4]
皐月賞
距離適性 中距離
脚質 逃げ・先行

したレースセンスぶりに本番への期待が高まった。

そして迎えた皐月賞はスタート直後から、アイトーン、ジェネラーレウーノ、ジュンヴァルロの3頭が競《せ》り合いながら後続を引き離し、エポカドーロは離れた4番手を進む。まるでスプリングSを再現したようなおあつらえ向きの展開のなか、3コーナーを過ぎて徐々に前との差を詰めはじめる。直線では馬場の真ん中から力強く脚を伸ばし、半ばで抜け出す横綱相撲で後続を完封。7番人気の低評価をあざ笑う見事な完勝劇は、怪物2世の誕生を期待するには十分すぎるパフォーマンスだった。

ところが、以降は一転してその勢いが急速に失われていく。皐月賞に続きオルフェーヴルとの父仔制覇を狙った日本ダービーではゴール寸前でワグネリアンに捕まり2着、秋になって神戸新聞杯4着から挑んだ菊花賞も8着と大敗。古馬になっても中山記念5着、大阪杯10着と精彩を欠いた。

その後は鼻出血や腸捻転のアクシデントもあり、レースに復帰することなく20年8月に引退。結局、皐月賞当時の輝きを再び見せることはできなかった。

同馬の血脈をみると、母ダイワパッションはフィリーズレビューまで4連勝を飾った仕上がりの早いタイプ。ステイゴールド〜オルフェーヴルと続くサイアーラインも生産者には魅力的に映りそうだ。後世にその血を引き継ぐ活躍馬の登場に期待したい。

（安藤康之）

オーソリティ

二度の骨折を乗り越え海外重賞で逃走V

2017年生まれ　牡　鹿毛

三冠を達成した菊花賞でレース入線後に騎手を振り落とし、阪神大賞典では歴史的な逸走を経て2着入線。何かと破天荒なエピソードに事欠かないオルフェーヴル。そんな稀代の癖馬でもあった父の片鱗を受け継ぐ産駒も多い中、オーソリティは優等生タイプの1頭だったと記憶している。

2歳時は新馬戦、そして父が敗れた芙蓉Sと、無傷の2連勝。勢いに乗って出走した年末のホープフルSこそコントレイルの5着に敗れたが、後方から末脚を伸ばすなど早くから能力の一端を見せていた。

3歳初戦の弥生賞で3着に入り出走権利を得ながら、皐月賞を回避。ついで出走した青葉賞をレースレコードで快勝して初重賞制覇を飾るも、レース後に骨折が判明。トライアルで出走権利を得ながら、クラシックの大舞台に立てず春シーズンを終えた。

失意の春を乗り越え、傷も癒えた3歳秋。アルゼンチン共和国杯で復帰を果たす。初の古馬との顔合わせや骨折からの復帰戦など越えるべきハードルは決して低くはなかったが、危なげなく勝利して重賞2勝目をマーク。年末の有馬記念は14着に敗れたが、約1年ぶりにG

父　オルフェーヴル
母　ロザリンド
母の父　シンボリクリスエス

戦績　[6-2-2-4]
青葉賞　アルゼンチン共和国杯２勝
距離適性　中・長距離
脚質　先行

Iの舞台に舞い戻り、翌シーズンの飛躍が期待された。

ところが、4歳になったオーソリティに再び試練が襲いかかる。天皇賞・春で10着に敗れた後、二度目の骨折が判明。普通であれば競走能力が低下しても不思議ではないが、ここからオーソリティに宿る血が覚醒する。前年に続いて出走したアルゼンチン共和国杯を1番人気で制して連覇を果たすと、続くジャパンCは同期の三冠馬コントレイルを相手に最後まで見せ場たっぷりの2着。本格化を印象付けた。

そして、5歳初戦は海を渡ったサウジアラビアの地で迎える。サウジCデーに行われたネオムターフCに出走すると、海外の強豪を相手に逃げて1着。さらにドバイに転戦し、祖父ステイゴールドも制したドバイシーマC（ステイゴールド当時はGⅡ）に出走。ここでも果敢に先手を奪うと、最後まで逃げ粘り僅差の3着入線を果たした。

帰国後は宝塚記念で発走直前に故障で競走除外になると三度目の骨折が判明。1年4カ月ぶりの復帰戦となったエルムS12着後に競走能力喪失の大怪我を負ったことから、ターフに別れを告げた。

GⅠに手が届くことはなかったが、最後まで懸命に走り続けたオーソリティ。ハイライトとも言える5歳の春に見せた海外レースでの勝負強さの裏に、その身に流れる血の後押しがあったことは想像に難くない。

（安藤康之）

シルヴァーソニック

父から譲り受けたタフネスさで海外重賞制覇

2016年生まれ
牡
芦毛

2022年、阪神競馬場で行われた天皇賞・春のレース終了後、歓喜に沸くタイトルホルダー陣営を横切るように池江泰寿調教師が険しい顔で厩舎地区の方向へ足早に去っていった。当時、検量室前で取材しており、歓喜と悲壮感の対比ぶりが印象的だった。競馬の残酷な一面を思い知った瞬間だ。池江調教師の悲壮感は管理馬シルヴァーソニックの競走中止が要因だった。スタート直後に落馬し、競走中止となったシルヴァーソニックはそのまま馬群に入り、3200mを走り切った。通常、騎手を落としてしまった競走馬は馬群についていけない。斤量は騎手が鞍に仕込んだ鉛板しかなく、身軽になれば、楽々走れそうなものだが、そうでもない。競馬は馬が自然界では決して出し得ない速度で競う。つまり、騎手が御することでしかトップスピードで走ったりはしない。だから、騎手を失くした競走馬はレースに加われない。しかし、シルヴァーソニックは自らポジションを上げていき、先行馬群に飛び込み、走り続けた。「賢い馬だ」なんて評価は観る側のもので、御する者を失くした馬が馬群に入って最後までレースに参加すれば、どんな危険があるかわからない。他陣営に迷惑をかけ続けることを意味する。池江調教師の悲壮感はそこにあった。実際、シルヴァーソニックはタイ

父　オルフェーヴル
母　エアトゥーレ
母の父　トニービン

戦績　[6-3-7-8]
ステイヤーズS　レッドシーターフH
距離適性　長距離
脚質　先行

トルホルダーの次にゴール板を通過した。「やっぱり強いじゃないか」なんて声も傍観者の勝手というもの。池江調教師は生きた心地がしなかったに違いない。さらに、シルヴァーソニックはゴール後、外ラチに突っ込み、しばらく動かなくなった。現地で目撃し、起き上がらないシルヴァーソニックを取材そっちのけで心配した記憶がある。しばらくすると、シルヴァーソニックは起き上がった。飛び込んだ拍子に気を失っただけだった。なにも父オルフェーヴルの真似をしなくても。そんな冗談が出たのも無事だったからこそだ。

当時のシルヴァーソニックはのぼり調子だった。3000m以上で3戦連続3着。いよいよステイヤーとしての血が目覚めた。天皇賞・春のショックを経て、約7カ月後にステイヤーズSで重賞初制覇を飾り、次なる目標をサウジアラビアに定めた。レッドシーターフHは前年7歳ステイフーリッシュが制したレース。同じ7歳、社台レースホース所有、そしてステイゴールドの血と共通点ばかり。中東はステイゴールドの血にとって縁起がいい。かくしてシルヴァーソニックは2馬身半差で快勝する。父仔3代海外重賞制覇を飾った。オルフェーヴルが凱旋門賞でみせた驚異の末脚もそうだが、ステイゴールドの系統は海外で国内以上の力を発揮するから不思議だ。カラ馬で馬場を1周半し、最後はラチに飛び込んだあの日、骨膜を発症したものの、大事に至らなくてよかった。シルヴァーソニックのタフさは父オルフェーヴル譲り。ラチに突っ込むだけが共通点ではない。

（勝木淳）

メロディーレーン

長距離で牡馬と戦い抜いた圧倒的アイドルホース

2016年生まれ
牝
鹿毛

オルフェーヴル産駒はウシュバテソーロやマルシュロレーヌ、ショウナンナデシコといったダートの活躍馬が多いことで知られるが、同時に、優秀なステイヤーも多い。シルヴァーソニック、アイアンバローズはステイヤーズSを制し、ミクソロジーはダイヤモンドSを制覇。そして重賞タイトルこそ手にしなかったものの多くのファンに愛される名ステイヤーとして活躍したのが、牝馬のメロディーレーンである。初勝利まで10戦かかり、GⅠどころか重賞すら出走したことがなかった状態で挑戦した菊花賞では、いきなり5着と好走。翌春には阪神大賞典で一線級の牡馬を相手に再び5着と好走し、菊花賞馬のキセキに先着してみせた。天皇賞・春には牝馬ながら4年連続で出走。2歳下の半弟タイトルホルダーもステイヤーとしての才能を開花させ、姉弟で天皇賞・春や有馬記念をともに駆けた。彼女の戦績を見ると、これだけ牝馬が強くなった時代においても「牝馬ながら」という枕詞をつけずにはいられない。

しかしメロディーレーンの個性は、その「牝馬ながら」見せつけたステイヤーとしての才能だけではない。それは、彼女が「小柄ながら」見せたパワフルな走りにもある。彼女のデ

父 オルフェーヴル
母 メーヴェ
母の父 Motivator

戦績 [4-0-4-28]
古都S
距離適性 長距離
脚質 差し

ビュー時の馬体重は336キロ。年明けには330キロまで減らし、初勝利の時でも340キロと当然ながらメンバー最軽量だったが、稍重の馬場を力強く駆け抜けて2着に9馬身差をつけた。これはJRAにおける最軽量の勝利記録だが、さらに2勝目を挙げた際には338キロに減っていたため、自らの記録をあっさり更新した。それ以降、メロディーレーンは特別競走勝利や重賞出走など、数々の条件で最軽量記録を更新し続けた。有馬記念出走や天皇賞・春出走も、当然、最軽量記録である。記録更新は馬体重だけではない。2勝目では2600m戦における日本レコードも更新。その小柄な馬体から繰り出されるパワフルな走りに多くのファンが魅了され、現役時代から写真集やファンブックも出版されるほどだった。

ただひたすらに強敵に挑み続け、8歳でも万葉Sで3着に食い込んだ彼女の姿は、名馬の風格を漂わせているように感じられた。牝馬だから、小柄だから…といった人間が弾き出したデータや傾向を跳ね除ける走りに心を打たれた。

オルフェーヴルも小柄な馬だったが、その全兄ドリームジャーニーは日本の牡馬として最軽量のGI馬でもある。父ステイゴールドもまた、408キロで重賞に出たこともあるほどの小柄な名馬。彼らとの血を色濃く受け継いだ彼女は、36戦4勝という戦績を挙げ、8歳で引退を迎える。一時期はその小柄さから繁殖入りが危ぶまれたがなんとかクリア。同じ時代を戦ったドウデュース・セリフォスと同じ馬運車で、北海道へと向かった。

（緒方きしん）

第三部

オルフェーヴルを語る

あの激しさと強さはどこから来るのか？
血統論、馬体論の専門家と関係者が語り尽くす
小さな馬体に秘められた無限のポテンシャルとは

ダービー馬として史上最軽量の444キロながら
極悪馬場を乗り越えるパワー＆スタミナ。
走法を覚えると短所は極めて少なくなった。

血統
馬体
育成
厩舎
海外遠征
種牡馬

血統

凱旋門賞好走は「父系から受け継いだポテンシャル」

強力な長距離能力と道悪特性を産駒に伝えた その種牡馬能力はディープに迫ったかもしれない

競馬評論家 栗山求

大種牡馬サンデーサイレンスは、1995年から2007年まで13年連続でチャンピオンサイアーの座につき、あらゆる種牡馬記録を塗り替えました。国内外で供用された後継種牡馬は150頭以上。このなかで最も多くのJRA重賞を勝った種牡馬はディープインパクト、次点がオルフェーヴルの父ステイゴールドです。

1位ディープインパクトは295勝（24年12月現在）、2位ステイゴールドは116勝。両者には倍以上の差があります。ただし、能力差はそこまで大きくなかったはずです。

ステイゴールドは7歳暮れに現役生活を退いたあと、社台スタリオンステーションに種牡馬入りすることなく、ブリーダーズ・スタリオン・ステーションとビッグレッドファームを2年ごとに往復する形で供用されました。

ラストランの香港ヴァーズ（香港GI・芝2400m）を勝ったとはいえ、獲得したGIタイトルはこのレースのみ。国内最終戦の馬体重は428キロと牡馬にしてはかなり小さく、気性の難しさは誰もが知るところでした。そうした点がネックとなり、社台レースホースの所有馬だったにもかかわらず、外部に放出されることになりました（シンジケート会員が所有する本株のうち4分の1を社台グループが所有したので完全売却ではありません）。

サンデーサイレンスは社台スタリオンステーションに繫養されたため、主要な後継種牡馬のほとんどは、父と同じ社台スタリオンステーションで種牡馬入りしました。産駒の重賞勝利数が20勝を超える後継種牡馬は11頭を数えますが、他の種馬場で種牡馬入りしたものはステイゴールドのみです。

社台スタリオンステーションに繫養されないということは「繁殖牝馬のランクが落ちる」ということでもあります。しかし、そうしたハンディキャップを乗り越え、ステイゴールドはサンデーの後継種牡馬のなかで2番目となる116ものJRA重賞勝利数を積み上げました。ハーツクライ（87勝）、フジキセキ（78勝）、ダイワメジャー（54勝）よりも上なのですから、そのポテンシャルの高さは推して知るべしです。もし仮に、社台スタリオンステーションに繫養され、もっとハイレベルな繁殖牝馬と交配する機会を与えられていたら、1位ディープインパクトとの差は詰まっていたでしょう。

オルフェーヴルの母の父メジロマックイーンは、天皇賞・春（2回）、菊花賞、宝塚記念などを制したスタミナ型の名馬。無敗の二冠馬トウカイテイオーに初めて土をつけた92年の天皇賞・春は、90年代有数の名勝負として語り継がれています。また、18着に降着されたとはいえ、不良馬場の天皇賞・秋で後続に6馬身差をつけて1位入線したレースは、並外れた道悪適性を証明するものでした。

引退後、種牡馬としてはほどほどの成績で、総合種牡馬ランキングの最高順位は21位。10位以内どころか20位以内も入れませんでした。しかし、母の父としては優秀で、なかでも「父ステイゴールド、母の父メジロマックイーン」の組み合わせは、血統史にひときわ輝くニックス（相性のいい組み合わせ）となりました。三冠のほかに有馬記念2回、宝塚記念を制覇したオルフェーヴルの他に、その全兄ドリームジャーニー（有馬記念、宝塚記念、朝日杯FS）、中長距離で無敵を誇ったゴールドシップ（皐月賞、菊花賞、有馬記念、天皇賞・春、宝塚記念2回）、フェイトフルウォー（セントライト記念、京成杯）など大物を連発しました。

ステイゴールド産駒の芝平均勝ち距離は1940m。サンデーサイレンスの主要な後継種牡馬のなかでは最長です。また、母の父メジロマックイーンもスタミナ型。したがって、この組み合わせから誕生した馬は強力なスタミナに恵まれています。ステイゴールドとメジロマックイーンはいずれも道悪巧者なので、そうした特長も伝えました。この組み合わせは芝2200m以上の重賞を計19勝し、うち12勝はGⅠレース。驚くべき成績です。

ステイゴールドの系統は、国内にとどまらず凱旋門賞（仏G1・芝2400m）でも特筆すべき成績を挙げました。10年にナカヤマフェスタが2着、12、13年にオルフェーヴルが2着、23年にスルーセブンシーズが4着となっています。

凱旋門賞は、雨にたたられて馬場が悪化しやすい秋のパリ・ロンシャン競馬場で行われるため、こうした馬場に高い適性を持つサドラーズウェルズを抱えた馬が強い、という著しい血統的傾向が見られます。10年以降の過去15年間で、サドラーズウェルズを持たずに凱旋門賞を勝った馬はたった2頭しかいません。わが国の芝競馬は、世界有数の高速馬場で行われるため、どの馬が渡仏したとしても、道悪になれば一度も経験したことのない未知のコンディションとなり、適性面に大きなビハインドを抱えることになります。わが国で育まれたステイゴールドの子孫が、凱旋門賞で再三にわたり上位入線を果たしているのは驚嘆すべきことです。

2～4着に食い込んだ前述の3頭のうち、オルフェーヴルは「ステイゴールド×メジロマックイーン」、スルーセブンシーズは父ドリームジャーニーがオルフェーヴルの全兄ですから、やはり「ステイゴールド×メジロマックイーン」の組み合わせを抱えています。ヨーロッパ最高峰の２４００m戦で互角の勝負に持ち込んでしまうほど、このニックスはスタミナとパワーに関して優れたものを伝えます。

オルフェーヴルの全兄ドリームジャーニーはピッチ走法。それゆえに直線の短い小回りコース専用でした。オルフェーヴル自身はサンデー系らしいストライドの広さを保ちつつ、ピッチ走法で駆けるハイブリッド型。だからこそ、直線の長短を問わず、道悪だろうが高速馬場だろうがハイレベルなパフォーマンスを披露しました。

オルフェーヴルは引退レースの馬体重が466キロ。種牡馬としては決して大きくありません。しかし歴史上、ハイペリオン、リボー、ノーザンダンサーなどは小柄な馬格で世界の血統に大きな影響を及ぼしました。日本で供用されたノーザンテースト、ディープインパクト、ステイゴールドも小柄です。馬格面のハンディキャップをはねのけて非凡な能力を伝えられるのは、ポテンシャルがよほど優れている証拠です。

オルフェーヴル産駒は、ダート向きの適性が素晴らしく、ウシュバテソーロ（ドバイワールドC）とマルシュロレーヌ（ブリーダーズCディスタフ）が海外のビッグレースを制覇しています。この底力はオルフェーヴル産駒ならではでしょう。芝でもラッキーライラック（エリザベス女王杯2回、大阪杯、阪神JF）やエポカドーロ（皐月賞）が活躍しています。

いつの日か、オルフェーヴル自身と同じく凱旋門賞に挑戦する仔が現れることを期待したいものです。

オルフェーヴル 5代血統表

ステイゴールド 1994 黒鹿毛	サンデーサイレンス Sunday Silence(米) 1986 青鹿毛	Halo 1969 黒鹿毛	Hail to Reason 1958 黒鹿毛	Turn-to
				Nothirdchance
			Cosmah 1953 鹿毛	Cosmic Bomb
				Almahmoud
		Wishing Well 1975 鹿毛	Understanding 1963 栗毛	Promised Land
				Pretty Ways
			Mountain Flower 1964 鹿毛	Montparnasse
				Edelweiss
	ゴールデンサッシュ 1988 栗毛	ディクタス Dictus(仏) 1967 栗毛	Sanctus 1960 黒鹿毛	Fine Top
				Sanelta
			Doronic 1960 栗毛	Worden
				Dulzetta
		ダイナサッシュ 1979 鹿毛	ノーザンテースト 1971 栗毛	Northern Dancer
				Lady Victoria
			ロイヤルサッシュ 1966　鹿毛	Princely Gift
				Sash of Honour
オリエンタルアート 1997 栗毛	メジロマックイーン 1987 芦毛	メジロティターン 1978 芦毛	メジロアサマ 1966 芦毛	パーソロン
				スヰート
			シエリル 1971 鹿毛	スノップ
				Chanel
		メジロオーロラ 1978 栗毛	リマンド 1965 栗毛	Alcide
				Admonish
			メジロアイリス 1964　黒鹿毛	ヒンドスタン
				アサマユリ
	エレクトロアート 1986 栗毛	ノーザンテースト Northern Taste(加) 1971 栗毛	Northern Dancer 1961　鹿毛	Nearctic
				Natalma
			Lady Victoria 1962 黒鹿毛	Victoria Park
				Lady Angela
		グランマスティーヴンス Grandma Stevens(米) 1977 栗毛	Lt. Stevens 1961 鹿毛	Nantallah
				Rough Shod
			Dhow 1968 芦毛	Bronze Babu
				Coastal Trade

馬体

種牡馬として成功する「馬体の小さな馬」

筋肉の質の良さ、バネの強さ、関節の柔らかさ…小さな馬体に秘められた計り知れない資質とは？

『ROUNDERS』編集長　治郎丸敬之

オルフェーヴルの馬体を語る時、真っ先に思いつくのは、その小ささです。現役時代は440〜466キロの馬体重で走りました。それは決して良い意味ではなく、よくぞこの小さな馬体であれだけの成績を収めることができたものだという感心に近い意味です。牡馬の平均体重が約480キロ、牝馬のそれが460キロですから、オルフェーヴルはまさに牝馬のような馬体のサイズで三冠馬となり、凱旋門賞でも2年連続で2着したのです。サラブレッドの大型化が進み、馬体の大きさがないと一線級では活躍が難しくなった時代において、オルフェーヴルの馬体は他の一流馬たちとは一線を画しています。その点では、あのディープインパクトと共通しており、まさに近代日本競馬の歴史に残る超一流馬であったことは間違いありません。

馬体の小さい馬は、種牡馬として大成功すると言われています。なぜかというと、現役時代には馬体が小さいというハンデがありながらも、大きな馬たちに交じって活躍した馬が多

※種牡馬の産駒重賞勝利数は24年11月24日時点

いから。そうした馬たちには、筋肉の質の良さやバネの強さ、関節の柔らかさ、精神力の強靱さなど、馬体の大きさではない何かが備わっていることは間違いありません。馬体の大きさ以外の競走馬としての資質を産駒に伝えることで、名種牡馬になるということです。

馬体が小さい名種牡馬としては、たとえばノーザンテーストがいます。小さくて、ずんぐりむっくりした馬だったので、種牡馬入りした当初はここまで大成功するとは思われなかったそう。ところが、あっという間に日本競馬の血の勢力図を塗り替えていったのは皆さんご存知のところで、ノーザンテーストは当時の日本馬が持っていなかったレベルの筋肉の質の良さやバネの強さ、関節の柔らかさ、精神力の強靱さなどを産駒に伝えたということになります。ちなみに、オルフェーヴルの血統表にはノーザンテーストの3×4という強いインクロスがあります。もしかするとノーザンテーストの良さを受け継いでいるのかもしれません。

とはいえ、オルフェーヴル自身は、馬体は小さいのですが、ずんぐりむっくりではありません。募集時の写真を見てみると、手脚が長くてすっきりとした、サンデーサイレンスからステイゴールドへと続く、現代の日本競馬に適した素軽さを象徴する馬体を有していました。全兄ドリームジャーニーに母系の重苦しさが見え隠れするのとは対照的です。オルフェーヴルは馬体面において、母オリエンタルアートの兄弟の中では抜けて良かったのです。

ここでオルフェーヴルの母系の馬体に目を移すと、祖母のエレクトロアート（父ノーザンテースト）がかなり小さい馬であったことがわかります。芝の短距離戦を中心に4勝を挙げた活躍馬ですが、400～430キロ台の馬体重で走りました。馬体の設計図的な観点から述べると、そこにメジロマックイーンを配合したのが正解でした。

『ゴールドシップ伝説　愛さずにいられない反逆児』（星海社新書）の中で、ゴールドシップの馬体論としても書きましたが、メジロマックイーンの血は馬体をボリュームアップすることができます。メジロマックイーンが母系に入って血をつないでいるのはそれゆえでもあり、メジロマックイーンを配合されたことで、オルフェーヴルの母オリエンタルアートは440～470キロ台の馬体で3勝を挙げ、現役時代を駆け抜けたのです。ここでボリュームアップができていたからこそ、馬体の小さいステイゴールドを父に配してもなんとかギリギリのサイズ感のオルフェーヴルの馬体が出来上がったのです。もしエレクトロアートの配合相手がメジロマックイーンでなければ、オリエンタルアートはもっと小さい馬体であり、さらにオルフェーヴルは小さくなって、いくら馬体の大きさ以外の部分が優れていたとしても、競走馬として大成することは難しかったかもしれません。

オルフェーヴルの父ステイゴールドに話が及びましたが、それこそステイゴールドが馬体は小さいながらに種牡馬として大成功した馬の代表格ですね。現役時代は410～430キロ台の馬体で走り、日本国内ではGⅡの日経新春杯と目黒記念を勝ったのみで、GⅠレースでは惜しいレースを繰り返し、シルバー&ブロンズコレクターとも呼ばれました。ステイゴールドが勝ち切れなかったのは、明らかに小さすぎる馬体ゆえでした。最後の最後にパワーに勝る他の一流馬たちに屈してしまうのです。

馬体の小さい馬は名種牡馬になるとはいえ、どうしてもムラが出てしまう面は否めません。ステイゴールドがそうであったように、オルフェーヴルも一か八かという産駒を出しやすいのは、馬体の大きさ以外の資質は産駒に伝わりにくいからです。馬体の大きさは父と母から比較的ストレートに受け継がれ、馬体の大きい両親からは馬体の大きい仔が誕生しますし、その逆も然りです。ただ、筋肉の質の良さやバネの強さ、関節の柔らかさ、精神力の強靭さといったものは、馬体の大きさほど確実に伝わらないのです。馬体のサイズ(大きさ)がますます重要になってきた日本競馬において、オルフェーヴル産駒の成績にムラがあるのは仕方ないのかもしれません。

最後に、サラブレッドは血を残すことで自身が名馬であることを証明する、と僕は考えています。つまり本当に強かった馬は、種牡馬としても必ずや成功するということ。逆に言うと、レースで圧倒的に強かっただけでなく、その血を後世まで残して初めて、最強馬であったと称されるべきです。だからこそ、オルフェーヴルが競走馬として強かったことは間違いない以上、種牡馬としてもその血を広く伝え残していくと信じています。

育成

Tomorrow Farm　齋藤野人氏に聞く

外厩で磨かれたオルフェーヴルの類稀な才能

永遠に続くようなバネを感じさせた坂路調教
思わず鳥肌が立つ比類なき乗り味

大山ヒルズやノーザンファーム早来などで競馬人としての経験と実績を積み上げてきた齋藤野人さん。現在はTomorrow Farmの代表として活躍しているが、ノーザンファームしがらき開場時のオープニングスタッフであり、オルフェーヴルの現役時代を担当したことでも知られる。オルフェーヴルは2010年秋に開場した外厩・ノーザンファームしがらきで鍛え上げられ、その名声を高めた馬だった。

「しがらきの開場前、デビュー2戦した頃のオルフェーヴルと会ったことがあります。落ち着きのないヤンチャ坊主という印象で、馬房の裏からすぐ顔を出したり、馬房のなかでグルグル回ったり…。気性難で有名なドリームジャーニーの全弟だしな、と思って見ていました」

しばらくして担当となった齋藤さんが最初に決めたことは、これまでの「怒らせない教育」から昭和流の「厳しい教育」への方針転換だった。それまでは馬房から10m先のウォーキングマシンに行くだけでもひと苦労という状況で、機嫌を損ねると逆の方向に走ってしまうことも多かった。ただ、気性の難しさを感じると同時に、驚くほどの賢さを感じたという。

「厳しく扱うために、ウォーキングマシン側ではない出入り口には、スタッフに雪かきのスコップを持たせて『向かってきたら叩いて追い返せ！』と指示しました。しかし馬房から出すと、いつもはどこの出入り口に向かうか読めなかったのが、スタッフをチラッと見ると状況を悟ってすぐに諦めて、全く暴れずにウォーキングマシンに向かったんです。コイツ、人を見ているな…と苦笑しましたが、その作戦はその後もずっとうまくいきましたので助かりました。ポイントを押さえると悪いことはしない馬ですね」

齋藤さんはオルフェーヴルについて「隙を見せるとダメなタイプ」と語る。どうすれば人間の力がハミに伝わらなくなるかを理解していて、左側から正しく扱わないと制御が不能になった。齋藤さんも「オルフェーヴルの右側を歩くべからず」と周知。しかし中には、顔面を蹴られて鼻骨骨折という憂き目に二度もあったスタッフがいたという。とにかく我が強く、あわや放馬という瞬間も数えきれない。だが坂路に入ると抜群の走りをみせた。

「初めてオルフェーヴルに跨って坂路を上がった時、あまりの乗り味の良さに鳥肌が立ちました。バネが良いのはもちろんですが、そうした馬にありがちな重心が左右にブレる感じもなかったんです。ガクガク揺れることなく、永遠に続くかのようなバネのある動きでした。思わず池江先生に『俺がこんな良い馬に乗っていいんですか？』と聞いたほどです」

そんな担当馬が、スプリングSを制して、皐月賞・ダービーも制覇。「名馬の弟の1勝馬」だったオルフェーヴルが、「三冠を狙う二冠馬」として帰ってきた。そこからは状況が一変。菊花賞での三冠達成に向けて、プレッシャーのかかる日々が始まった。調教をやり過ぎて調子のピークが手前にならないように「神戸新聞杯は負けを覚悟して、あくまでピークは菊花賞」と定める。しかしピークを先に持ってくる調教は、その加減に難しさがある。人間の心理として、自分を納得させるために良いタイムを出してしまいたくなる気持ちを抑えた。ダービーのレースぶりから、類稀なる能力は一目瞭然。だからこそ鍛えすぎず、オルフェーヴルの能力を十分に発揮させられるような成長をさせたいという想いがあった。

「夏の間に身体も大きくなりました。神戸新聞杯をプラス16キロで迎えたのは予定通りです。パドックを見て『ああ、勝てるな』と感じました。背中の雰囲気や身のこなしが抜群で、体調も万全。大きなアクシデントが起きない限りは勝つだろうと思って見ていました」

齋藤さんの見立て通り、抜群の走りで菊花賞と有馬記念を制したオルフェーヴル。翌年は凱旋門賞に向けた戦いとなったが、その年が厳冬だったことで大きな影響を受けてしまう。

「坂路からの帰り道、地面が凍っていることが多い年でした。凍って硬くなった地面を歩くことで爪が減ってしまい、オルフェーヴルならではの動きのしなやかさが失われていきました。その影響で首との連動性・ハミ受けも悪化。ハミは人間の指示を馬に伝えるものであるため、そこが損なわれると操縦性が悪くなってしまいます。そのため、阪神大賞典の前は、レース前から心配なところはありました。精神面でも、人を狙っている感じはずっとありましたしね。ですから逸走は『ああ、やってしまったな』という感じでした」

調教再審査の際、齋藤さんの印象に残った台詞がある。それは池江調教師の「ダートでの走りが凄い。来年はドバイワールドCに行くか。勝てるかもよ」という冗談めいた一言。産駒のウシュバテソーロが同レースを制し、齋藤さんは10年越しに「なるほど…」と頷いた。

若き頃から牝馬が大好きで馬っ気を出していたというオルフェーヴル。齋藤さんは「接戦を落としたレースは牝馬の2着であることばかりでしたが、オルフェーヴルを知る人間としては『牝馬のお尻を見ていたんじゃないのかな』と思ってしまいます」と笑う。芦毛と栗毛の牝馬が特に好みで、近づいてきただけで暴走することがあったそうだ。

「なかでもとびきりの存在が、栗毛のレディオスソープ。彼女を見つける度に異常なほど反応を示すんです。とにかく大好きで、いつも探していましたね。あれだけ牝馬が好きでしたから、種牡馬としても楽しい毎日を過ごしてくれているのではないでしょうか」

齋藤さんが最後に付け加えた「まだ活躍馬を出してくれると信じています」という言葉からは、背中を知るが故の、オルフェーヴルへの強い信頼が感じられた。

（緒方きしん）

厩舎

池江泰寿調教師に聞く［前編］
「ダービーを獲ろう」大目標に向かって取り組んだ日々
オルフェーヴルは大きな課題を抱えていた。「折り合い・我慢」「自立心」をどのように養ったか

オルフェーヴルが生まれて数週間の頃、池江泰寿調教師は同馬との初対面を果たす。全兄ドリームジャーニーは、池江厩舎の所属馬として朝日杯FSを勝利。さらにオルフェーヴルの父であるステイゴールドや母父のメジロマックイーンは、池江調教師の父である池江泰郎調教師の管理馬でもあり、血統的に縁の深い人馬であった。

「白老ファームで会った瞬間、一目で良い馬だなと感じました。筋肉の質が良く柔軟性があり、歩かせるとゴム毬のような動きをするんです。同時期のドリームジャーニーを上回る素質を感じましたし、その時から三冠競走に挑戦させたいと思わせる存在でした」

毎月、オルフェーヴルに会うたび、池江調教師は「三冠競走へ」という思いを強くする。実際、2歳となり入厩したオルフェーヴルは、早くも調教でオープンクラスの古馬と遜色ない程の走りを見せた。8月にデビュー戦を迎えると、上がり最速で勝利。その時点で池添謙一騎手や厩舎スタッフ全員で「ダービーを獲ろう」と決意を固める。ダービー勝利を大目標

にして、それに向けて逆算して調教やレース選びをするようになった。

池江調教師が「教えることが多い馬だった」と振り返るように、オルフェーヴルにはいくつかの大きな課題があった。その中でも特に意識したのが「折り合い・我慢を教えること」と「自立心を養うこと」の2点。教育のために陣営が選んだのは、京王杯2歳Sだった。

「デビュー3戦目で同レースに出走させたのは、終いを生かす競馬を教えようという戦略でした。爆発的な末脚を発揮するためには、道中の折り合いを教える必要があります。デビュー・2戦目とマイル戦でしたが、ここで1400m戦と短縮したのは、ペースが流れることを期待したからです。2歳の中長距離戦はペースが遅いため、積んでいるエンジンが違うオルフェーヴルはどうしても暴走気味になってしまいますし、馬群の後ろで我慢するということを経験できません。1400mの速いペースであれば、我慢することを教えられます。結果的にレースでは折り合いを欠きましたが、成長のためと割り切って考えていました」

京王杯2歳Sで明らかになったもう一つの課題が、オルフェーヴルの寂しがりな一面であった。それまでは他馬と調教していたため顕在化していなかったが、京王杯2歳Sでのレースぶりを見て「そういえば新馬戦もそうだったな…」と思い当たった。

「デビューの時もゲートの時点でキャンキャン鳴いて寂しがっていたのを思い出しました。自立心がないと、他の馬を頼って勝ちきれないケースが増えます。レースで勝つ時、最後はたった1頭で突き抜けて走らなくてはいけませんから…。そのため、そこからは牧場でもトレセンでもスタッフ全員で『オルフェーヴルの自立心を鍛える』という意識をもって動いていくことにしました。ポテンシャルは一流でも、メンタルが赤ん坊のままだと勝てません」

池江調教師は「馬はレースや調教だけでなく、日々の積み重ねで成長するもの」と語る。オルフェーヴルも日々の暮らしの中で、孤独に耐えられる扱いをして意識的に1頭で過ごさせられるようになった。賢く物覚えのよいオルフェーヴルはそこで着実に自立心を養っていったという。さらには数戦の敗北を経て、道中で我慢してラストで追い込む競馬を会得。ダービー制覇に向けた多くの課題をクリアしていった。

スプリングSを勝利し重賞馬となると、続く皐月賞も完勝。しかしこれは、池江調教師にとって計算外の走りだった。

「皐月賞での完勝ぶりを見て『しまった、ピークが皐月賞になってしまった！』と頭を抱えました。あくまで一番の目標はダービーというなかで、皐月賞でここまで走ってしまうとレース後に大きな反動がきてしまうからです。実際、戻ってきたオルフェーヴルはかなり消耗していました。ここからダービーに向けて、完全回復は厳しいと誰もが思う状態です。スタッフと『ダービーは難しいか』と肩を落としました」

しかしダービーが近づいてきた時に、オルフェーヴルは驚異の回復を見せる。それは池江調教師をして「規格外のモンスター」「まさに超回復」と驚かせるほどのものだった。皐月賞のレース前を超える体力と精神状態——。最大目標であったダービーを、今までで最も良い状態で迎えたのである。一度諦めかけていた目標が、俄然、現実味を帯びてきた。

しかしダービー当日、またもや陣営は肩を落とすことになる。東京競馬場に大雨が降り注いだのだ。泥んこの不良馬場で、その日最初の芝レースは1枠1番の馬が逃げ切り勝ち、二度目の芝レースも2枠2番の馬が勝利を収めるなど、内枠・先行が有利の馬場。これまで教え込まれてきた後方から大外を回すような戦法が、最も難しい馬場と言えた。

「馬場さえ良ければ絶対に勝てると思いきや、あの大雨で…。皐月賞からの復活から一転、もはやここまでかと嘆いていました。ところが8レースの青嵐賞のあとにウィリアムズ騎手やピンナ騎手から『内が荒れてきたから意外と外からも差せるようになったよ』と言われ、池添騎手とも今まで教えてきた通りの競馬でいこう、と腹を括りました」

そして結果は、2着ウインバリアシオンに1馬身3/4差、3着ベルシャザールにさらに7馬身差をつける圧勝。我慢と自立心あってこその、見事な走りだった。オルフェーヴルはさらに神戸新聞杯・菊花賞を制して三冠馬となり、有馬記念も勝利して年度代表馬にも輝いた。デビューから掲げてきた目標をさらに超える「三冠達成」という完璧な1年。国内に敵なし——陣営は新たなる目標として「凱旋門賞制覇」を掲げる。

（緒方きしん）

厩舎

池江泰寿調教師に聞く［後編］

凱旋門賞を目指して新たな挑戦が始まった

日本競馬の悲願を叶えるため、陣営が与えた新たな課題とは？

三冠を達成し、年度代表馬にも輝いた素晴らしい3歳シーズンを過ごしたオルフェーヴル。続く目標は、ディープインパクトらが敗れてきた日本競馬の悲願、凱旋門賞の制覇である。池江調教師は、凱旋門賞制覇に向けてオルフェーヴルに新たな課題を与えた。

「凱旋門賞では、後方一気の競馬のままではさすがに厳しいです。道中から好位を確保して、そこからスムーズにスパートをかけられないと…。そのため阪神大賞典では先行する競馬を試すことにしました。レースでの位置取りとなると調教ではなかなか教えられるものではありませんから、レース本番で池添騎手に教育をお願いするしかありませんでした」

結果は、今でも語り草となっている逸走——。周囲が想像する以上に、オルフェーヴルは精神的に大人になっていた。そのため、オルフェーヴルは人間よりも上位の立場として振る舞うことも増えていたという。そうした中で、阪神大賞典ではこれまで教え込まれたはずの「走るべきポジション」にいさせてもらえなかった。これは、オルフェーヴルを大いに苛立たせた。池江調教師は「元々は私たちが教えたはずの走りだったのですが、いつしかオルフェーヴルのなかで『自分のいるべきポジション』『俺自身が走りたい場所』にすり替わっていたのでしょう。『俺の思い描いた走り』を邪魔されたことにご立腹でした」と苦笑する。

「逸走した時は申し訳ない気持ちでした。コースに戻って追い込んでるのを見て、このまま勝ってくれないかな…と思ったものです。届きませんでしたが、改めて強さを感じました」

逸走したオルフェーヴルに訪れたのは、平地調教再審査という新たな試練だった。この平地調教再審査は、栗東のダートコースで実施された。結果は合格で、予定通り天皇賞・春へと向かうことになる。しかし池江調教師は、わずかな違和感を覚えていた。

「元々、脚を叩きつけるような走り方をするので、脚部への負担が強いタイプです。そのため、ダメージの軽い坂路調教で鍛えてきました。それがダートコースでの調教で、結果として脚元に負担のかかる調教に。オルフェーヴル自身も脚元を気にしている様子でした」

そして再審査後、最初の実戦となった天皇賞・春。池江調教師の不安が的中し、オルフェーヴルは11着と惨敗した。これは競走馬オルフェーヴルにとって、最低着順でもある。

「もちろん惨敗はショックでした。不可解なほどの敗戦でしたが、レース後に天皇賞・春の好走馬たちから故障が続出。もしかするとあそこで本気を出し切っていたら、オルフェーヴルの脚も無事では済まなかったかもしれません。そう考えると、結果的にはあそこで力を出し切らなかったのが、その後の好走に繋がっています。オルフェーヴルは京都競馬場に入ってから、馬場状態を気にする仕草を見せていました。仕掛けどころで自ら競馬をやめたようにも見えましたし、全力疾走のリスクからあえて力をセーブしたのかもしれません」

天皇賞・春のあと、出走したジャガーメイル、フェイトフルウォー、ナムラクレセントらが次々に故障。オルフェーヴルは怪我こそなかったが調子が低迷。しかし凱旋門賞へ向かうには春の結果では物足りず、宝塚記念に出走し結果を出す必要があった。重圧の中、オルフェーヴルは池添騎手の強気の騎乗で内から差し切り、凱旋門賞への挑戦に漕ぎつけた。

「渡仏したものの、正直なところ自信満々というわけではありませんでした。調子も宝塚記念よりは上がってはいましたが、馬場が合うかもわかりませんし、どこまでやれるか、と…。前哨戦のフォワ賞でも勝利は挙げたものの、あまり着差をつけられませんでした」

オルフェーヴルの雰囲気が変わってきたのは、前哨戦の後からである。パワーがみなぎり、精神的な状態も向上、絶好調に限りなく近づいていた。しかしホッとしたのも束の間、今度は雨による馬場の悪さが立ちはだかる。現地の馬たちですら経験したことのないような馬場で迎えた本番、オルフェーヴルは池江調教師やファンを驚かせる走りを見せる。

「馬場に脚をとられている各馬をオルフェーヴルが外から抜き去っていった時、騎手から驚きの声が挙がったそうですよ。勝ったかなと思ったんですが、最後はラチに寄ってしまって…。後から聞いたんですが、スミヨン騎手は、家に帰ってから号泣したそうです。『初めて馬に馬鹿にされた』と。私も、もう少し前もって注意をしておけばと悔やみましたが、同時に翌年にリベンジしようと決心。現役引退を1年延ばしてもらい、再始動しました」

5歳はオルフェーヴルにとって難しい1年となった。初戦の大阪杯こそ勝利したものの、宝塚記念の直前に肺出血を発症。レースを回避したことも大きかったが、さらに、その再発を抑えるため、糖質の高い濃厚飼料が摂れなくなったことが大きな影響を及ぼすことになる。

「食事が変わってから、オルフェーヴルは身体を作ることに苦戦するようになりました。オルフェーヴル自身も頑張ってくれたものの、どこか物足りなさがありました。凱旋門賞の当日も、日本から来ていた別陣営の関係者から『オルフェーヴルってこんな感じの馬だっけ?』と聞かれたほど。勝ち馬のトレヴも強かったですが、良い状態で挑ませたかったですね」

帰国後、久々に濃厚飼料を摂ったオルフェーヴルは、徐々に回復。それでも好調時とは程遠い状態だったというが、引退レースの有馬記念では2着に8馬身差をつけて完勝した。

「本当に賢く、学習能力の高い馬でした。そのポテンシャルは、まさにモンスター級。私にとっても、今でも大切な存在です」

数々の名馬を管理してきた池江調教師にそう言わしめたオルフェーヴルは、最後まで絶対的な強さを見せつけターフを去った。

（緒方きしん）

海外遠征

森澤光晴調教助手に聞く
二度の遠征で見たオルフェーヴルの姿
「ここで勝てたら引退でも良い」極限まで鍛え上げた凱旋門賞挑戦

オルフェーヴルのデビュー前から調教を担当してきた森澤光晴調教助手。三冠達成や有馬記念制覇と同様に、二度のフランス遠征も同行し、オルフェーヴルの調整にあたった。

一度目の遠征は、アヴェンティーノも同乗。オルフェーヴルは元から移動を苦にするタイプではなかったが、普段から仲の良いアヴェンティーノが帯同したことで、機内では落ち着いて過ごした。到着後も輸送減りはあったが想定内で、すぐに向こうの環境に馴染んだ。

「現地で開業していた小林智調教師から手厚いサポートをしていただき、戸惑うことはありませんでした。オルフェーヴルはのびのびと元気にしていましたね。栗東にいる時はマスコミの方に囲まれることが多く、時にはカメラマンの方に追いかけられることもあったのですが、フランスでは小林調教師がマスコミの方が厩舎に近づかないよう気を配ってくれました」

他の馬からストレスを受ける機会が少なかったという点も陣営を後押しした。フランスでは調教する際、日本ほど馬の密度が高くない。栗東だと時間帯によっては馬が密集してしまうため、他馬を気にするタイプのオルフェーヴルにとってストレスがかかる状況になることもあった。馬と馬との距離があるフランスは、オルフェーヴルに向いていたと言える。

「フランスには大人しい性格の馬が多かったのも、有り難かったです。日本のトレセンでは暴れてしまう馬も多いですからね。森の中で緑も豊かな環境で調教できますし、フランスに入ってからすべてが良い方向に進んでいる感覚がありました。天皇賞・春や宝塚記念の状態の悪さから抜け出した回復期と重なったというのもあるとは思うのですが、グングン良くなっていく様子を見て、この馬にはフランスが合っているんだなとも感じました」

オルフェーヴルの強さのピークについて、森澤助手は「間違いなく1回目の凱旋門賞です」と語る。池江調教師と森澤助手は「ここで勝てたら引退でも良いから、一度、目一杯に仕上げてみよう」と決めて調教に取り組んだという。池江調教師の「次走のことは考えなくてよい」という言葉通り、凱旋門賞に照準を合わせたメニューを組んだ。森澤助手は当時のオルフェーヴルを「負荷をかけても受け止められる状態の良さがあった」と振り返る。調整もうまくいき、凱旋門賞は手応えがあった。「勝てるかどうかはともかく、良いレースをしてくれるだろう」と期待してスタンドで観戦。直線で一度は興奮したものの、途中でオルフェーヴルが明らかに失速したため、後方から迫るソレミアを見送りながら肩を落とした。

「走るのが好きなタイプで、調教ではむしろ上にいる間は安心でした。準備や後片付け中にはイタズラをされるんですが、調教中にクセを出すことは滅多にありません。一方でレースにいくと悪さをするという課題は、新馬戦や菊花賞にゴール後の落馬があったり阪神大賞典で逸走したことでもわかる通り、常にありました。それが凱旋門賞の時に改めて顕在化したと思っています。みんな、悔しがっていましたね。私も本当に悔しかったです。あの一戦は、周囲と比べてあまりにも力が抜けていたが故の敗北でもあります。『なるほど、状態が良すぎて負けるということもあるんだ…』と学んだ一戦でもありました。レース後には流石に反動はありました。あの仕上げで、あの走りですから仕方のないことだったと思います」

5歳となったオルフェーヴルは、馬体が完成に近づき身体の使い方がよくなったことで安定感・パワーが向上したという。森澤助手は「オルフェーヴルは晩成型だったと思う」と語る。二度目の凱旋門賞挑戦に向けて、前年とは異なり天皇賞・春には出走せず宝塚記念へ向かったオルフェーヴルだったが、レース直前に肺出血を発症する。

「追い切り後の雰囲気がいつもと違ったので念のため検査したところ、肺出血とわかりました。それほど深刻ではなく、すぐに回復したのですが、宝塚記念を使えなかったことが悔やまれます。叩き良化型のオルフェーヴルにとって、凱旋門賞での仕上げに影響が出ました」

二度目の渡仏は、オルフェーヴルが滞在場所を覚えていたことで前年以上にスムーズに過ごせたという。精神的な状態はかなり良かったそうで、森澤助手も「やはり、フランスを気に入っているようでしたね」と振り返る。

「スミヨン騎手が不用意に帯同馬へ近づかせたことで蹴られたことがニュースになりましたが、(脚や腰などではなく)顔の外傷で済んだこともあって走りに影響が出るものではありませんでした。オルフェーヴル自身も動揺はなく、メンタル面での状態は好調をキープしていました。レース間隔があいたことで身体面がついてこなかったのが勿体なかったです」

結果、二度目の凱旋門賞2着を経験したオルフェーヴル。帰国後はジャパンCではなく有馬記念とゆったりとしたスケジュールを組んでいたこともあり、放牧の期間を確保できた。それでも「良くも悪くもないくらいのレベル」の状態だったそうだが、結果は圧勝だった。

「最後まで衰えはなかったと思っているので、『たられば』ですが、個人的にはもう1年くらい活躍できたようにも感じています。能力が桁違いの名馬で、乗用車からスポーツカーに乗り換えたような、性能の違いを感じました。調教後には呼吸が乱れず、加速力は抜群。忘れられませんね。そして、多くのことを学ばせてくれた馬でもあります。特に、メンタルとフィジカルの両立がどれほど重要かを痛感しました。今でも出会えたことを感謝しています」

いたずら好きなオルフェーヴルの調教を任されていながらも、ずっと落馬することなくパートナーを続けてきた森澤助手。有馬記念の直前、ついに初めての落馬をしてしまったというが、その思い出を振り返る声もどこか明るかった。

(緒方きしん)

種牡馬

社台スタリオンステーション　上村大輝氏に聞く

その性格は「荒々しく、几帳面」

牝馬が大好きな種牡馬の優等生。
ヘルメットをかぶって近づくと種付けと察する賢さも

オルフェーヴルは引退後、社台スタリオンステーションでスタッドイン。競争率が高く入れ替わりの激しい名門で、オルフェーヴルは初年度産駒から皐月賞馬エポカドーロやGＩ4勝馬ラッキーライラックなどを輩出。さらには3世代目からダートの活躍馬ウシュバテソーロ・ショウナンナデシコらを送り出した。オルフェーヴルの担当となって4年の上村大輝さんは、自身の担当馬を「非常に賢い馬」と語る。

「オルフェーヴルには、何かが起きる前に察知する不思議な賢さがありますね。例えば、歩いている時に、曲がり角にビニール袋が落ちていたりすると、目に入る前からわかっているんです。ビニールの上を歩きたがらない馬はいますが、あそこまで事前の察知能力が高い馬はなかなかお目にかかれません」

放牧中も、放牧地の奥にいたとしても遠くから聞こえた足音で誰かを察して、足跡の主が上村さんの時だけ「迎えにきたな」というように出口へ近づいてくる。見学者が来てもあまり気にしない、天候が荒れてもそれほど気にしないなどおおらかな一面を見せる一方で、その性格は「荒々しく、几帳面」という。

「ボロ（馬ふん）は、放牧地でも馬房でも定位置があって、そこ以外では用を足さない几帳面ぶりを見せています。ボロは絶対に踏まないですし、水溜まりはしっかりと避けて歩きますね。綺麗好きですが、ブラッシングされるのが大好きかというとそうでもありません。『ちゃんとやってくれよな』という感じで、尻尾の付け根など痒いところをやっている時は気持ち良さそうにしてくれるものの、嫌なところを触るとすぐに蹴る素振りを見せてきます」

そんなオルフェーヴルの1日は、朝の2時間ほどの放牧から始まる。厩舎作業がおわりオルフェーヴルの馬房が綺麗になると残りは馬房で過ごすことになるが、どちらかというと放牧地にいてのんびりと草を食べる時間の方がお気に入りのようだ。身体を動かすことも大好きで、現在は放牧地が隣のシュネルマイスターと並走するなど、激しい運動もこなす。

「かなり縄張り意識が強いタイプで、あまり他の馬と一緒に過ごしたいようには見えませんね。他馬を威嚇することもしばしば。放牧地からは隣の育成馬の厩舎も見えるのですが、坂路から帰ってくる馬が見えると立ち上がったりしてテリトリーを主張しています。ただ最近はかなり丸くなってきていて、シュネルマイスターとはそれなりにうまくやれています」

運動量が多いため、オルフェーヴルは馬体重があまり増えない傾向にある。ただ食事面で難しさを見せることはなく、基本的に食事を残すことはない。種付けシーズンはイレギュラーな状況を気にして食欲が減退することもあるが、オフシーズンに食事を増やすことでカバー。上村さんは「たくさん食べてたくさん動く、消費カロリーが多いタイプ」と語る。

「基本的に社台スタリオンステーション指定の飼料以外を口にする機会はないですが、過去に何度かにんじんをあげたことはあります。にんじんをあげると、他の馬は一気に食べるんですが、オルフェーヴルの場合は2、3回に分けて食べるのが特徴です。また、オフシーズンは馬体重を増やす以外にも、種付けシーズンにコントロールが利かなくなるようなことがないようにコミュニケーションを重ねることを重視しています。振る舞いは荒々しいところがありますが、賢いので、どうすると人間が本当に怪我をしてしまうかよくわかっている感じがします。これまで、オルフェーヴルに大きな怪我をさせられたことはありませんね」

種付けに関しては、牝馬が大好きなオルフェーヴルは優等生。上村さんは「特に栗毛や芦毛が好きですね。テンションが違います」と笑う。オルフェーヴルは上村さんがヘルメットをかぶって近づくと種付けと察して、すぐに種付けモードに切り替えるという。

「オルフェーヴルは体高が低いタイプですから、産駒のサイズを考慮して相手の繁殖が大きいケースが多いです。そのため、種付け時に高さが合わない場合は地面に畳を置いて調整します。畳の上でもうまくバランスをとりますね。本当にやりやすいです。逆に、オルフェーヴル産駒の牝馬は、種付けに来るとうるさく、種牡馬を近づけたがらない印象があります」

個性派や芝の実績馬も多いオルフェーヴル産駒だが、それ以上にファンを驚かせたのはダートの活躍馬が多かったことではないだろうか。ウシュバテソーロのドバイワールドC制覇、マルシュロレーヌのブリーダーズCディスタフ制覇は、日本競馬史に名を残す偉業だ。

「ダート方面の才能が明らかになってからは、ダート馬を狙った配合が増えました。またダートの大物を出してくれる気がしますね。オルフェーヴル自身は、最近は加齢もあって以前よりも穏やかになったというか、カリカリしなくなってきました。馬齢的に種牡馬としての引退が近づいてきている頃ですが、GⅠを何勝もするような馬を出して欲しいですね」

ベテラン種牡馬となり落ち着きが出てきたというオルフェーヴルだが、現役時代の面影も残している。

凱旋門賞でコンビを組んだスミヨン騎手が2024年ジャパンCで来日した際、オルフェーヴルに会いに社台スタリオンステーションを訪れた時のこと。再会を喜んでスミヨン騎手が手を伸ばしたところ、オルフェーヴルに手を噛まれたという。「池添騎手もよく会いにいらっしゃいますが、噛まれたところは見たことがありませんね」と笑う上村さん。老いてなお盛んなオルフェーヴルには、これからも長く元気でいること、そしてより多くの魅力ある名馬を送り出してくれることに期待したい。

（緒方きしん）

第四部

オルフェーヴルの記憶

震災の影響で東京開催となった皐月賞。
4番人気のオルフェーヴルは1番人気サダムパテックに3馬身差の圧勝をしてみせた。

主戦の池添謙一騎手を振り落としたり、
阪神大賞典で見せた制御不能からの大激走。
心を震わせる唯一無二の個性派名馬の逸話とは？

記憶
1

震災の年の三冠馬は「希望の星」

中央競馬も大きな被害をうけたあの年、運命をも味方につけて掴んだ栄光

2011年3月11日午後2時46分。

あの頃、私は早朝から午前中いっぱい働くという厩舎関係者のような仕事をしていた。金曜日だったので、そろそろ近所のコンビニに競馬新聞が並ぶ時間だろうと昼寝から目覚めた直後のことだ。起震車でしか体験したことがない揺れに眠気は吹き飛んだ。這ってテーブルの下に避難し、メダカの水槽を押さえようと懸命に手を伸ばしたことを鮮明に記憶している。テレビに映された東北から関東の太平洋沿岸を襲う大津波に言葉を失った。

翌日に予定されていた中央競馬はすべて中止になった。福島競馬場は甚大な被害を受け、なにより美浦トレセンは断水など深刻な事態に陥った。JRAは翌週から西日本地区で「東北関東大震災被災地支援競馬」実施に踏み切る。クラシック前哨戦など重要な時期でもあり、なにより被害を免れた西日本地区での競馬には社会的意義が大きかった。美浦の関係者もレースに向けて気持ちを高ぶらせた馬たちの状態を案じた。自分たちの飲み水さえ確保できな

い状況ながら、翌週の阪神へ管理馬を送り出した陣営のホースマンシップに心を打たれた。

幸い私は不安こそ渦巻くものの、被害と呼べるようなことはなかった。なんとか競馬新聞を慣れないインターネット経由で入手し、復興への願いを馬券に込めた。コロナ禍の自宅ウインズ化もそうだが、人は危機に瀕することで、新しい道を探り、どうにか日常を維持しようとする。激しく揺れ動く足元を収めようと必死だった。競馬に参加できるだけでも恵まれている。だからやるべきことをやろう。そんな心境だった。

当時、オルフェーヴルは震災の翌週に中山で行われるスプリングS出走を予定していた。スケジュールの組み直しにより、スプリングSは1週間順延、舞台は中山から阪神に移された。2歳時に関東の重賞で大敗しただけに、2、3着と好走中の地元での競馬はプラスに働いた。それだけではない。コーナー4回の忙しい競馬になる中山内回りから阪神外回りに変わったのも味方した。かくしてオルフェーヴルは阪神スプリングSで重賞初制覇を遂げた。スローに近い流れを馬群の外目で懸命になだめられ、3コーナーからじわりと進出、抜群の手応えで先団にとりつくと、直線で弾けた。上がり600m34秒3は最速タイ。瞬発力と力強さが同居していた。

スプリングS勝利によってクラシック出走の権利を手にしたことを考えると、通常通り、中山で施行されていたら、どうなっていただろうか。戦いながら逞しくなった三冠馬だけに春先は危うい面も多かった。もし、中山だったら、三冠レース出走さえ逃していた可能性もある。当時のオルフェーヴルはそう思えるだけの脆さを抱えていた。

その想像を延長させるなら、皐月賞が中山から東京へ移ったのもオルフェーヴルに味方したのではないか。中山の被害は想像以上であり、皐月賞の開催は早い段階で断念された。代わって東京が1週間早く開幕する形をとり、皐月賞は東京開幕週に行われた。例年の中山最終週と東京開幕週では、舞台も違うが、馬場コンディションがまるで異なる。翌年の皐月賞でゴールドシップが内ラチ沿いをワープしたが、ライバルたちが悪い内側を避け、外へ行ったから実現した現象でもある。トリッキーな中山だったらどうなっていただろうか。もちろん、その後のオルフェーヴルを考えれば、こなした可能性は高いが、皐月賞の時点では、日程が崩されたことが三冠達成への第一歩だったと考える方が自然だろう。とはいえ、皐月賞では4番人気。チャンスはあるが、絶対ではない。これが当時の立ち位置でもあった。1番人気サダムパテックは震災直前の弥生賞を勝っていた。2番人気ナカヤマナイトも同じく共同通信杯を勝ち、ここまで待機していた。3番人気ベルシャザールはスプリングSで破った相手だが、前年ホープフルSなどで安定感を評価された。それでもオルフェーヴルは皐月賞を勝った。中山の皐月賞を走らずに三冠馬に輝いたのは、横浜で現在の皐月賞を行ったセントライトと皐月賞が東京だったシンザン、そしてオルフェーヴルしかいない。

中山の皐月賞を走らなかったオルフェーヴルは三冠達成の暮れ、有馬記念に駒を進め、初めて中山のGIを走ることになった。

有馬記念は1年間の記憶を呼び覚ます役割がある。11年は東日本大震災に大きく運命を狂わされた年だ。想像を絶する被害状況をテレビで目にしたあの日、すべての日本人が心を被災した。これは決して大袈裟ではない。3月11日を境に、多くの人々が人生観を問い直し、生きることの意味を探すようになった。時に絶望を味わい、心の底にある哀しみに気持ちが折れかけた。オルフェーヴルはそんな年に三冠をとった。クラシック三冠はどの年であっても価値ある偉業である。だが、11年の三冠は特別な意味をもつ。陳腐な物言いかもしれないが、希望だったのだ。それもたどり着く過程で、やんちゃな振る舞いをし、たくさん負けたオルフェーヴルだから、たまらない。たとえ上手くいかなくても、段階を踏んで前へ進みさえすれば、いつか強くなり、それが栄光の道へつながる。オルフェーヴルの軌跡はまさに勇気そのものでもあった。

そんな11年を象徴するオルフェーヴルが有馬記念を勝った。並みいる古馬に包囲され、最終コーナーでは後方のインという絶望的なポジションからの勝利は、我々にあきらめない力を授けてくれた。一寸先は闇を体現した年でもあったが、遠くには必ず希望があることも教えられた1年でもあった。オルフェーヴルが主役でよかったと心から思う。

（勝木淳）

記憶 2

オルフェーヴル産駒の狙い目

芝GI馬はわずか2頭のみだが…「晩成型」「ダート」新たな妙味あり

初年度産駒のラッキーライラックが3連勝で2歳女王となり、エポカドーロが皐月賞を制した当時、「種牡馬としてのオルフェーヴルはディープインパクトと同等かもしれない」と感じた。ディープ産駒の全盛時だった当時、前者は2連勝中のマウレアを寄せ付けず、後者も1番人気のワグネリアンと2頭のディープ産駒を下していた。「今後も驚異的な産駒が出てくるのでは」と思えたのだ。

エポカドーロはダービー2着後、4戦とも好走できず翌年4歳でターフを離れたが、ラッキーライラックは古馬になりGI3勝(通算4勝)を積み重ねた。同年代にアーモンドアイがいたことで牝馬三冠レースは2・3・9着だったが、4歳になるとヴィクトリアMで4着後、秋のエリザベス女王杯でGI2勝目をマーク。5歳になると大阪杯を勝ち、秋にはエリザベス女王杯を連覇した。この間に破った馬は1世代下のオークス馬ラヴズオンリーユーやダービー2着馬ダノンキングリー。2頭とも、ディープインパクト産駒である。

しかし、オルフェーヴル産駒の芝GI馬は、この2頭以降出現していない。

2年目の産駒で注目を集めたのがメロディーレーンだ。デビュー時の馬体重は336キロで、競走馬の平均体重より100キロ以上も小柄である。前述のラッキーライラックは牝馬として最高重量のGI優勝馬（522キロ・20年エリザベス女王杯）であり、同馬より200キロ近くも軽い馬である。オルフェーヴルはダービー優勝馬史上最軽量の444キロ。引退時の有馬記念出走時も466キロ。母メーヴェも450キロ台と小柄で、2頭の特性を受け継いだのだろう。小柄な馬体にもかかわらず菊花賞を5着と好走。5歳時には2勝を挙げてオープン入りを果たした。2400〜3000mで4勝を挙げている実績をみるとスタミナタイプの馬である。ちなみに半弟タイトルホルダー（父ドゥラメンテ）は菊花賞・春の天皇賞・宝塚記念と長距離GIを3勝しており、母からの遺伝もあるのだろう。

懸命に走る姿に感銘を受けたファンが増え、人気を集めた馬でもある。24年12月に引退が発表された彼女には繁殖牝馬としての活躍にも期待したい。

さて、オルフェーヴル産駒のデビューから1年ごとのJRA重賞勝利数（平地のみ）を並べると3・2・2・8・5・5だったが、23年は2勝、24年は優勝馬が皆無だ。一方で、ここ数年の重賞成績をみると、長距離戦における活躍が顕著である。ステイヤーズSをオセアグレイトとシルヴァーソニック、アイアンバローズが3勝、ダイヤモンドSもミクソロジーが勝っている。JRA平地重賞27勝のうち17勝が2000m以上。逆に1400m以下は2勝のみで、年齢を重ねた馬の長距離好走が目立っている。

初年度に比べて晩成型が多くなっているが、その代表例こそウシュバテソーロだろう。芝で3勝クラスを勝てなかった馬がダートに転向すると好走を続け、今や日本を代表するダートホースとなった。高額賞金のドバイで2年連続連対を果たすと、歴代獲得賞金ランキングで「稀代の名馬」イクイノックスを抜いた。獲得賞金8位の父オルフェーヴルや10位の名馬ディープを上回るほどであり、ダートで世界を目指す馬の先駆けとなってもいる。

ウシュバテソーロの好走から浮かび上がるのが「オルフェーヴル産駒のダート適性」だ。24年11月中旬時点でオルフェーヴル産駒は芝で291勝、ダートで215勝（JRA）を挙げているが、勝率をみると芝8％に対しダートは9・1％。特に未勝利戦や1勝クラスをダートで勝ち上がる例が多く、新馬戦から一変するケースも見受けられる。また芝の重&不良馬場での好走が多い通り、時計がかかるタフなコースで狙い目となる。思えばホープフルSで勝利を挙げながらダートの一線級で活躍するドゥラエレーデもまた、母父がオルフェーヴル。こちらもダート適性を母父から受け継いでいる印象を受ける。

ちなみにディープインパクトの産駒は芝で2459勝を挙げているが、ダートでは260勝。重賞勝利295勝のうちダートはわずか2勝のみ（アンジュデジールのJBCディスクラシックとボレアスのレパードS）。芝での勝率が13％に対しダートでは8％にまで落ちている。

オルフェーヴル産駒の狙い目は「芝では長距離&4歳以上&重馬場」「ダートでは未勝利戦&初ダート」。また先行しての好走が少なめの感もあり、直線の長い東京や新潟などの馬場が向いていることも付け加えておきたい。

（小川隆行）

年度	重賞名	優勝馬
2017	札幌2歳S（GIII）	ロックディスタウン
2017	アルテミスS（GIII）	ラッキーライラック
2017	阪神JF（GI）	ラッキーライラック
2018	チューリップ賞（GII）	ラッキーライラック
2018	皐月賞（GI）	エポカドーロ
2019	マーメイドS（GIII）	サラス
2019	エリザベス女王杯（GI）	ラッキーライラック
2020	ファルコンS（GIII）	シャインガーネット
2020	大阪杯（GI）	ラッキーライラック
2020	青葉賞（GII）	オーソリティ
2020	アルゼンチン共和国杯（GII）	オーソリティ
2020	エリザベス女王杯（GI）	ラッキーライラック
2020	福島記念（GIII）	バイオスパーク
2020	ステイヤーズS（GII）	オセアグレイト
2020	カペラS（GIII）	ジャスティン
2021	日経新春杯（GII）	ショウリュウイクゾ
2021	きさらぎ賞（GIII）	ラーゴム
2021	中京記念（GIII）	アンドラステ
2021	アルゼンチン共和国杯（GII）	オーソリティ
2021	チャレンジC（GIII）	ソーヴァリアント
2022	フェアリーS（GIII）	ライラック
2022	中山牝馬S（GIII）	クリノプレミアム
2022	武蔵野S（GIII）	ギルテッドミラー
2022	チャレンジC（GIII）	ソーヴァリアント
2022	ステイヤーズS（GII）	シルヴァーソニック
2023	ダイヤモンドS（GIII）	ミクソロジー
2023	ステイヤーズS（GII）	アイアンバローズ

オルフェーヴル産駒のJRA重賞勝利（平地のみ）

順位	馬名	獲得賞金	GI勝利数
1位	ウシュバテソーロ	22億3957万円	4勝
2位	イクイノックス	22億1544万円	6勝
3位	アーモンドアイ	19億1526万円	9勝
4位	キタサンブラック	18億7684万円	7勝
5位	パンサラッサ	18億4466万円	2勝
6位	テイエムオペラオー	18億3518万円	7勝
7位	ジェンティルドンナ	17億2603万円	7勝
8位	オルフェーヴル	15億7621万円	6勝
9位	ブエナビスタ	14億7886万円	6勝
10位	ディープインパクト	14億5455万円	7勝
次点	ゴールドシップ	13億9776万円	6勝

歴代獲得賞金トップ10

記憶 3

穴党予想家が振り返る「オルフェの印」

オルフェとの相性の悪さを痛感するも…
みんなが一つになったあの時の記憶

オルフェーヴルとの印と相性。改めてお題をいただき、こういう時でもないと、一競走馬の生涯競走の印をすべて再確認することもそうない。新聞の過去のスクラップを調べて読み返して、オルフェとの馬券相性はとても悪かったな…と痛感している。

通算21戦。4歳時と5歳時に遠征したフォワ賞と凱旋門賞は当時、JRA海外馬券発売はしていないので紙面でも印は打っていない。残りの国内17戦。印を列記すれば、本命◎3回、対抗○8回、3番手▲1回、☆（スポニチ紙面では4番手）が4回。唯一の△1回は先に言えば、2012年天皇賞・春で11着惨敗した直後の宝塚記念（1着）。単勝オッズは3・2倍。1番人気は1番人気でもファンも疑心暗鬼だったと思う。

これも記憶から消えていたが、現地取材した10年8月新潟新馬戦から、皐月賞前のスプリングSまでは重い印を打っていた。強烈なピッチ走法だった全兄ドリームジャーニーも僕との予想相性は決して良くなかったが、その兄とも違うある種の大物感は感じてはいた。もっとも、新馬戦はレース後に池添謙一騎手を振り落としたことの方が印象に残っているが。

「土曜の新潟5R新馬戦。注目のオルフェーヴルで勝つには勝ったがレース後に池添が落馬。右手は血だらけで3針縫う応急処置。周囲の心配をよそに直後の7Rを勝ち、日曜は札幌で2勝。凄いプロ根性だ」（10年8月17日付）

新馬戦の○から始まり、スプリングSの○までの6戦で○が計5回。この間、唯一の本命◎は11年1月シンザン記念（2着）。この時、先に抜け出したレッドデイヴィスにあっさり（見た目は1馬身半差の完敗）負けていなければ、その後の私の評価も変わっていたと思う。

「シンザン記念は◎オルフェーヴルに託す。全兄ドリームジャーニーにとって、東京コースは最大の鬼門。そう考えれば、弟の前走・京王杯2歳S（10着）の凡走は血の宿命かもしれない。過去3戦で一番スムーズだったのが、中山＝右回りの芙蓉S（2着）。当時1着のホエールキャプチャは阪神JF2着でレースレベルは高く、右回りの京都で好転する可能性は大」（11年1月9日付）

馬体はひと回り小さく、キャラも異なった兄の現役時代を、知らず知らずのうちに予想に反映していたのだろう。確かにドリームジャーニーは09年宝塚記念、有馬記念優勝など右回りの鬼だった。対して、左回りの東京は5戦して最高3着1回、4着以下が4回。実は僕と同じように左回り下手＝東京コースは不向きと思っていたファンは多かったのでは？

三冠の第一戦、皐月賞。直前のスプリングＳ（阪神）は〇を打って楽勝していながらも、初めて評価を☆（4番手）に落とした。今振り返ると、皐月賞のオルフェは4番人気。この年の皐月賞は東日本大震災の影響で例年の中山ではなく、東京で開催された。2歳時の京王杯2歳Ｓで完敗している東京コース。兄が大好きだった中山ならともかく、東京では危ないのではないか？　なぜか、スプリングＳではオルフェに負けたベルシャザール（2着）に◎を打って馬券は完敗している。オルフェの三冠ではダービーも☆、菊花賞は〇で外している。

「3月11日の東日本大震災当時は山元トレセンで放牧中。道路は寸断され、帰厩が遅れた」（11年10月23日付）という情報も入っていたし、ここまでくると、単勝1・4倍の断然人気馬には「穴党」として反攻したくなる邪心もあった。

オルフェとの相性の悪さの極めつきは4歳春。3コーナーで一度逸走した阪神大賞典（2着）、続く天皇賞・春（11着）が2戦連続で最後の◎となった。超豪華メンバー相手に勝ち切った3歳暮れの有馬記念を見て「現役最強」の評価は揺るぎなかった。阪神大賞典のご乱心？に、強さを再認識したファンも多かったと思う。現地京都競馬場にいた天皇賞は単勝1・3倍。絶対に負けないだろう…。「◎オルフェーヴルが皇帝ルドルフ級かはさておき。現役最強馬が万全の状態で出てきた以上、逆らう理由がない」（12年4月29日付）

結果はご存じの通り。後方で金縛りに遭ったかのように動くに動けず終わった。

「オルフェも怪物ではなかった。皇帝シンボリルドルフと並ぶ最速5冠の夢は消滅。凱旋門賞の参戦プランも白紙となった」（12年4月30日付）

四半世紀を超す競馬記者人生。日曜付1面で◎を打って激賞した同じ馬の原稿を、翌月曜付1面で一転して真逆の原稿を書いたのはこの1回だけ。けじめの意味も込めて、その後は◎を打つことはなかったが、皮肉にも次走・宝塚記念（1着）以降は鬼神のような強さを誇った。当時はJRAの海外馬券発売がなく、フォワ賞と凱旋門賞は紙面で印は打たなかったが、凱旋門賞は二度とも間違いなく◎を打っていたと思う。父ステイゴールド、母父メジロマックイーンから受け継いだ類まれな成長力は「史上最強の1頭」にふさわしい足跡だろう。

ゴール寸前で屈した12年凱旋門賞（2着）は新宿の映画館「バルト9」のパブリックビューイングで取材も兼ねて応援した。「発走2時間前の開場の午後9時半にはファンが早くも列をつくった。馬券発売がないにもかかわらず、1000円の入場券は前売りで完売。定員406席は満員。直線半ばでオルフェーヴルが先頭に立つと、会場のいたるところから絶叫が起こった。『オルフェ、行け！』NHKをはじめ30人を超す報道陣、JRA関係者もボルテージを上げた。しかし、ゴール寸前。声援は悲鳴に変わった」（12年10月8日付）

みんなが一つになったあの時の記憶は生涯忘れることはない。記録にも記憶にも残る三冠馬。その生涯、一度も無印にしなかったことだけは胸をなで下ろしている。

（小田哲也）

記憶4

記者席で見た「阪神大賞典の逸走」

「一体どうなってるんだ！」

唯一無二のレース内容で見えた「大レースの惜敗」

２０２４年終了時点でＪＲＡ牡馬三冠馬は８頭を数えるが、オルフェーヴルは同年に有馬記念まで制して３歳四冠を達成している僅か３頭のうちの１頭である。古馬になり凱旋門賞を２年連続で２着したのはＪＲＡ史上この馬だけ。

この戦績を見ただけで〝史上最強〟と呼ぶファンがいてもおかしくはない（筆者も１票投じたいクチ）が、オルフェーヴルに関しては、そうした最強馬論争が繰り広げられる機会が意外なほど少ない。原因はいくつか考えられるのだが、一つにはデビュー戦と菊花賞でレース後に騎手を振り落としたエピソードを手始めに、あまりにも走りが個性的過ぎて、他馬と単純に比較することが難しい、ということ。加えて、キャリアの中で最も印象に残っているレースは何か、と問われたとしよう。その答えが必ずしも勝ったレースに限らない。むしろ負けたレースのインパクトの方が、勝った時のそれよりも強烈だったりするのだ。

その最たるレースが４歳時の阪神大賞典と凱旋門賞だが、記者席でたくさんの仲間と一緒にリアルタイムでレースを観た、という意味でインパクトが強かったのは前者の方だ。中山競馬場の、記者席のモニターでの観戦だったが、〝それ〟が起きた時、記者席だけでなく、ターフビジョンを見つめるスタンドのファンもどよめいた。

古馬になり凱旋門賞挑戦を視野に入れていた陣営は、気性面の課題克服に敢えて長距離戦でキャリアを積む方針を選択。4歳初戦に選んだのが第60回阪神大賞典だった。出走頭数は12頭。ヒルノダムール、ジャガーメイルといった春の天皇賞馬2頭に、次走で春の天皇賞を勝つビートブラックがいて、またナムラクレセント、トウカイトリックという阪神大賞典の過去2年の勝ち馬に、菊花賞馬オウケンブルースリと、手頃な頭数の割に名うてのステイヤーが顔を揃えていた。そんなメンバーを相手に単勝1・1倍の圧倒的な1番人気。

だが画面に映るパドックの様子はうるさかった。大丈夫なのか…。3000m戦だからスローになるのは必然としても、スタートしてすぐの1周目3コーナー手前付近からペースが極端に落ち着き、最初の3ハロンは38秒9。少し早めのキャンター程度と言っては失礼だが、テンから超のつくスローになった。8枠12番の大外枠から行きたがりながらも外目の好位に落ち着いたオルフェーヴルだったが、ホームストレートに入る直前に外からナムラクレセントが先頭を奪ってハナに立つと、スタンドの大観衆を前にしたところで我慢が利かなくなった。ゴール板を通過するところで2番手に。大歓声を受けて更にヒートアップする格好で1

コーナーから2コーナーへ向かう。そして向正面に入ってすぐに異変が起きる。

モニターで大写しされる画面は、向正面に入るあたりから後続馬群を追い始める。先行集団の動きは画面上の、横長の画像を見なくてはならない。実際そこでオルフェーヴルが先頭に出たことは確認できたが、直後の異変に気付くのは現場組より遅かったと思う。大写しになった途端、外々に進路を替えつつ馬群から離れて行き、後方まで下がっていく。

「ああっ!? あ〜あ〜あ〜」みたいな声とともに、「故障か?」という声も上がって騒然となった直後、3コーナー手前で思い出したかのようにオルフェーヴルが再加速して馬群に取りつくと、「なんだこれ」と俄然声のトーンが上がり、4コーナー手前からグングン先団を迫って直線半ばで先頭に躍り出る。「一体どうなってるんだ」と呆れて画面を見つめていた。

結果は2着。ロスなくレースを運んだギュスターヴクライに半馬身及ばなかったことはすぐにわかったが、モニターで観た内容を頭で整理するのには、しばらく時間がかかったように記憶する。ターフビジョンでレースを観ていた中山競馬場のファンも同じだったのではないだろうか。スタンド階下から聞こえてくるどよめきは、しばらく収まることがなかった。

ただ、記者席における最初の「あ〜あ〜あ〜」のところは単に驚いただけではなく、「またやってるよ」という半ば呆れた感情も混じっていた。超スローの中、強力メンバー相手に有馬記念を制して、「いよいよ本物になったか」と期待させた矢先の逸走…。「またやってるよ」

の「また」というのは、「悪い癖は治っていなかったのか」ということだった。

調教再審査を経た天皇賞・春は勝った馬から1秒8差の11着。いつもと違う調整過程で臨んだとはいえ、キャリア最大の着差をつけられる大敗を見せられては、何をかいわんや、の雰囲気だったし、続く宝塚記念で復活Vを飾っても、どんよりとした不安が解消されたわけではなかった。だから渡仏後の鞍上変更のプランもやむなし、と思えたものだ。

それが果たして正解だったのか、或いは愚策だったのか。そう思うに至って、初めて阪神大賞典の走りに大きな意味があったことを気付かされた。凱旋門賞で直線、敢然と先頭に立ちながら、ゴール寸前でコースの最内まで切れ込んでソレミアに差されてしまった時、複雑な思いが去来したのだ。これが癖を知り尽くした鞍上だったら…と。

競馬の世界にタラレバは厳禁だ。でも池添騎手がそのまま騎乗していれば、と思ったのは自分だけではなかったと思う。現実問題としてフランスを深く知るわけではない池添騎手がいきなり凱旋門賞を勝つ、という歴史的快挙を達成したかは疑わしい。そう思うのも自分だけではあるまい。ただ、結果はさておき、そのチャレンジが観たかった、というのは正直なところだ。

いずれにせよ、12年の第60回阪神大賞典と、第91回凱旋門賞はセットにして記憶しておきたい。競馬にいろいろな学びをくれた、最も意義深いレースと思えるからだ。


（和田章郎）

記憶 5

国内外で異次元名馬が生まれた世代

通算14戦14勝「超絶な一流馬」フランケルも、年度代表馬に輝いたロードカナロアも同期生

米国の投資銀行リーマン・ブラザーズの経営破綻がきっかけとなり、世界的不況に見舞われた2008年、オルフェーヴルは誕生した。ただ、この年はオルフェーヴル以外にも、世界各国で最強クラスの名馬が数多く誕生。サラブレッドの馬産においては豊作の年だったといえる。英国のフランケルも間違いなくその1頭だろう。

オルフェーヴルより3カ月ほど早く誕生したフランケルは、英国のヘンリー・セシル厩舎に入厩。2歳8月のデビュー戦で、後にキングジョージ6世&クイーンエリザベスSを制するナサニエルといきなり激突し、接戦の末これを退けた。

すると、そこからは異次元のスピードを武器に圧勝を重ね、デューハーストSでGI初制覇。3歳シーズンは、グリーナムS1着から中1週で英2000ギニーに出走し6馬身差の圧勝を飾る。その後、ダービー参戦が検討されるも、これまでどおりマイル路線に照準を絞りセントジェームズパレスSに出走。日本から遠征し、オルフェーヴルにも勝利実績があっ

たGⅠ2勝グランプリボスや、ゾファニー、ウートンバセットら後の名種牡馬を下すと、古馬と初対戦のサセックスSも難なく突破。以後、翌年の同レースまで勝ち続けた。

そして、引退が迫った4歳秋は一つ上の距離帯、10ハロン路線にも挑戦し、欧州のこの距離を代表するレース、英インターナショナルSとチャンピオンSも連勝。通算成績14戦14勝で、デビュー戦から2着馬につけた着差は計76馬身超という完璧かつ凄まじい内容で、「絶対王者」のまま現役生活に別れを告げた。

最終的に、フランケルがワールドサラブレッドランキングで獲得した140ポンドは歴代世界最高の数字。そんなフランケルの快進撃は種牡馬になっても留まることを知らず、自身が出走しなかった英ダービーや凱旋門賞、ブリーダーズCなど産駒が世界各国の大レースを次々と制覇。後継種牡馬のクラックスマンからも、凱旋門賞や仏ダービーを制したエースインパクトが誕生した。また、日本でもソウルスターリング、モズアスコット、グレナディアガーズがGⅠを制し、モズアスコットとグレナディアガーズが後継種牡馬に。全弟でGⅠ3勝のノーブルミッションも本邦に輸入され、24年から産駒がデビューしている。

一方、フランケルが得意としたマイル戦よりもさらに短い1200m路線で世界的名馬となったのが日本のロードカナロアである。オルフェーヴルよりおよそ2カ月早く誕生したロードカナロアは、栗東の安田隆行厩舎に入厩。3戦目までは1200mから1600mのレースに出走したものの、4戦目からは1200mに専念し、3歳秋の京阪杯で重賞初制覇。年明けのシルクロードSまで5連勝を達成した。

続く高松宮記念は中京競馬場が新装オープンした最初のGIで、ここは同厩の先輩カレンチャンの3着に敗れ、夏2戦も連続2着と惜敗したものの、スプリンターズSでカレンチャンに雪辱。コースレコードでGI初制覇を飾った。

そして、ロードカナロアが一気に上昇カーブを描いたのはここからで、当時は難攻不落といわれ、凱旋門賞よりも勝つのが難しいとされていた香港スプリントを快勝すると、阪急杯、高松宮記念と4連勝。さらに、フランケルと同じく一つ上の距離帯に新たなチャレンジの場を求めた安田記念も勝利し、結果的にこれが同馬の種牡馬としての価値を大きく高めた。その後、秋はセントウルS2着から臨んだスプリンターズSで連覇を達成し、引退レースの香港スプリントも5馬身差の圧勝で同じく連覇。結局、この勝利が決定打となり、短距離戦で活躍した馬としてはタイキシャトル以来史上2頭目の年度代表馬に輝いたのである。

また、種牡馬としても、初年度から日本競馬史上最多となる芝のGIを9勝したアーモンドアイや、香港スプリントと高松宮記念で父仔制覇を成し遂げたダノンスマッシュを輩出。2世代目以降からも皐月賞馬サートゥルナーリアや、日本調教馬として初めて海外の芝・ダート双方のGIを制したパンサラッサなどを送り出し、文句なしの大成功を収めている。

対して、ダート界で世界的な活躍をしたこの世代の名馬といえば、米国のアニマルキングダムをおいて他にはいない。デビュー5戦目でケンタッキーダービーを制し世代の頂点に立ったアニマルキングダムもまた、新たなチャレンジの場を求め芝のGⅠに出走。結果的にGⅠ制覇は叶わなかったものの、4歳秋のブリーダーズCマイルと年明けのガルフストリームパークターフハンデキャップで連続2着と好走し、そこから臨んだオールウェザーのドバイワールドCを快勝。芝、ダート、オールウェザーの「三刀流」としての地位を確立した。その後、英国のクイーンアンS11着を最後に引退、種牡馬入りした同馬は、20年から日本で供用され、既に本邦の初年度産駒がデビューしている。

一方、オルフェーヴルの競走生活を振り返ると、レディーファーストの精神があったのか、牝馬との対戦にやや分が悪かった。生涯初めて先着を許したホエールキャプチャにはじまり、凱旋門賞制覇にあと少しと迫りながら2年連続惜敗した相手はともに牝馬。とりわけ惜しかった12年のレースで先着を許したソレミアや、未対戦に終わったものの、前年の覇者デインドリームも同じ世代で、これら2頭は凱旋門賞の次走ジャパンCに参戦している。

また、オルフェーヴルは、種牡馬としてもロードカナロアに負けじと初年度からGⅠ馬ラッキーライラックとエポカドーロを輩出。そのうち、前者の母で米国のGⅠアッシュランドSを制したライラックスアンドレースも、オルフェーヴルと同世代である。

（齋藤翔人）

記憶 6

歴代三冠馬を生まれ月で比較する

遅生まれの2頭は安定感では少々劣るが成長しきった後の爆発力はトップクラス

人間の場合、幼稚園や小学生の幼き時代は「4月生まれと3月生まれの成長力に差がある」と言われる。1月以降に生まれた「早生まれ」の場合、4月生まれとは半年以上の差が生じるとも。プロ野球選手に4〜6月生まれが多いのも、早く生まれたことで成熟につながるからだろう。

競走馬は長く生きても30年ほどで、人間と比べた際の平均寿命は半分以下。1月生まれと5月生まれには4カ月の差があり、人間にすればおよそ1年ほど違ってくるとも考えられる。

こうみると「早く生まれた馬のほうが好成績では」と思い、過去10年における生まれ月別成績をみてみた。

2歳重賞における1月生まれの勝率は9・7%、連対率は21%、複勝率は32%。2月生まれも似た数値を残している。対して5月生まれは勝率2・9%、連対率8%、複勝率も16%ほど。これが4歳重賞になると1&2月生まれの数値は落ち、逆に5月生まれの勝率と連対率は大幅に上がる。

遅く生まれても青年期に成長するのは、人間も馬も同じだ。

さて、オルフェーヴルの生年月日は5月14日。人間にたとえれば2～3月生まれだ。セントライトからコントレイルまで、日本競馬における歴代三冠馬8頭は全頭が3～5月に生まれているが、3&4月生まれの6頭で、皐月賞までに2着以下があったのはミスターシービーの1回のみ。

対して5月生まれのナリタブライアンは2着以下が3回。最も遅く生を受けたオルフェーヴルは、皐月賞まで6戦して2着以下が4回もあった。デビューから数戦ほど負けが続いたのも馬が成長しきれていなかったため。気性的に憶病だったナリタブライアンはシャドーロールの装着で一変、やんちゃだったオルフェーヴルも陣営から折り合いを教え込まれ、3歳時に躍進を果たした。

こうみると、「早くに生まれた優等生」に比べ、2頭は「遅く生まれた努力型」と感じる。

さらに、オルフェーヴルとナリタブライアンには、無敗三冠馬にはない共通項が存在する。
- 初の古馬相手のGI戦で勝利
- 4歳以降に大敗した経験

無敗三冠馬のシンボリルドルフはジャパンCで、ディープインパクトは有馬記念で、コントレイルはジャパンCで、3頭とも古馬との初対戦で敗れたが、4歳以降に大敗の経験はない。対して2頭は初の古馬対戦となった有馬記念を制覇。加えて4歳以降に2ケタ着順があった。

血統面をみると、兄がGI馬なのも共通点だ。ナリタブライアンの半兄ビワハヤヒデは菊花賞などGI3勝の名馬で朝日杯3歳Sは2着だった。オルフェーヴルの全兄ドリームジャーニーもGI3勝で朝日杯を勝っている（ちなみにビワハヤヒデは3月、ドリームジャーニーは2月生まれ）。

さらに、阪神大賞典で逸話を残したのも共通項。ナリタブライアンは世紀の叩き合いを演じ、オルフェーヴルは歴史に残る大暴走を繰り広げた。加えて通算成績21戦12勝も同じ戦績である。

オルフェーヴルもナリタブライアンも、歴代の三冠馬と比べて安定感では少々劣るが、成長しきった後の爆発力はトップクラスだろう。

仮に三冠馬が一緒に走ったらどの馬が勝つだろうか。完成度が求められる日本ダービーでは、2頭は後れをとるかもしれないが、冬の荒れ馬場で行われる有馬記念が舞台なら、オルフェーヴルとナリタブライアンのワンツー決着になるのでは、と勝手に夢想してしまう。

最後に。5月生まれの芝GI馬はサイレンススズカ（宝塚記念）やスティルインラブ（三冠牝馬）、スペシャルウィーク（GI4勝）などがおり、最も遅くに生まれた芝GI馬はアグネスフローラ（桜花賞・6月18日）だ。

（山本和夫）

生 月	勝 率	連対率	複勝率
1月	9.7%	21.5%	32.6%
	7.0%	16.1%	23.4%
2月	9.9%	18.7%	27.2%
	6.4%	13.3%	21.0%
3月	6.4%	14.3%	20.6%
	7.5%	14.3%	21.1%
4月	7.5%	12.5%	19.1%
	5.6%	12.1%	18.2%
5月	2.9%	8.6%	16.7%
	6.4%	11.2%	15.8%

生まれ月別の重賞好走率
（2013〜2022年　上は2歳重賞、下は4歳以上の重賞）

馬 名	生年月日	皐月賞までの成績	皐月賞後の成績
セントライト	1938年4月2日	[1・0・0・0]	[8・2・1・0]
シンザン	1961年4月2日	[5・0・0・0]	[10・4・0・0]
ミスターシービー	1980年4月7日	[4・1・0・0]	[4・2・1・3]
シンボリルドルフ	1981年3月13日	[4・0・0・0]	[9・1・1・1]
ナリタブライアン	1991年5月3日	[6・1・1・1]	[6・2・0・4]
ディープインパクト	2002年3月25日	[3・0・0・0]	[9・1・0・0] ※失格あり
オルフェーヴル	2008年5月14日	[2・2・1・1]	[10・4・0・1]
コントレイル	2017年4月1日	[3・0・0・0]	[5・2・1・0]

歴代三冠馬の皐月賞前・後の戦績比較

座談会

語り尽くそう！
オルフェーヴルの強さと激しさを

〈出席者〉
小田哲也（スポーツニッポン記者）
小川隆行（編集者）
緒方きしん（ウマフリ代表）

過密ローテを物ともせずクラシック挑戦へ！
最初は誰も気付かなかった歴史的な名馬への道。
歴代GⅠ馬の中でもっとも逸話の多い馬を語り尽くす

21戦を走ったオルフェーヴル。
最高のパフォーマンス＆最強の強さをみせた数時間後、多くのファンに拍手を贈られ
第二の馬生へと旅立った。

ナリタブライアンを思い出させた3歳春のローテ

緒方：オルフェーヴルのデビュー前ってどう見ていましたか？

小田：前年の有馬記念を勝ったドリームジャーニーの全弟でもあり、注目していました。デビュー前の情報も、ほかの馬より多かったですね。

緒方：池江師は「かなり奥がありそう」と見ていたようです。デビュー戦では、池添騎手が振り落とされる一幕もありました。

小田：あの時は、レースを終えたのに帰ってこないなと話していました。中山だと全景が見えるのでわかるんですが、新潟は東京と同じく検量室が地下にあるので状況がわからず…。

小川：口取り撮影もできなかったとか。

小田：そうなんです。ただ、名馬が夏の新潟デビューという流れはオルフェーヴルがきっかけを作ったかもしれません。アーモンドアイやイクイノックスも新潟デビューですしね。

小川：ラッキーライラック、リバティアイランドも新潟。長い直線で底力が出るのかな。

緒方：関西馬にとっては輸送が楽というメリットもあります。今や素質馬のトレンドですね。

小田：坂路やウッドチップで調教して送り出せる、というのも要因ですね。1998年に全国初のウッドチップができた函館でのデビューもメリットはあり、ゴールドシップやソダシはそのパターンでした。

緒方：オルフェーヴルはデビュー戦を勝つも、スプリングSまで4連敗。2戦目の中山・芙蓉S

を使ったのはドリームジャーニーと同じでしたが、京王杯2歳Sは1番人気で10着でした。馬の後ろで我慢することを覚えさせようとする意図があったそうです。

小田：このローテはナリタブライアンを思い出しますね。デイリー杯3歳Sで敗れた後、6戦目の京都3歳Sから連勝を積み重ねましたが、今思うと、2頭とも体質は強かったんでしょう。体質が強くなかったら、あのようなローテは組めません。

緒方：きさらぎ賞でトーセンラーに敗れ、次走でスプリングSに向かいました。

小川：東日本大震災が起きたことで、中山から阪神に替わった一戦だった。

小田：阪神だからスプリングSを使ったのか、中山でも走ったかはわかりません。ただ、こうしたローテを組んだことで、強靭な馬になったのかな、とも想像します。

小川：当時の体重は440キロ前後と小さめ。加えて、歴代三冠馬のうち一番の遅生まれなのもおもしろい。本書の記事にも記したように人間だと4月生まれと3月生まれの違いがあるのかな、と。

緒方：ナリタブライアンも、そうしたイメージと重なりますね。

小田：ナリタブライアンは高松宮記念に挑戦しましたが、オルフェーヴルも凱旋門賞に挑戦するなど陣営も積極的でした。母父のメジロマックイーンもデビュー後に数戦ほどダートを走りましたが、父・泰郎さんの厩舎で、そうした経験則を得たのかもしれません。

小川：ディープインパクトも泰郎厩舎で、息子さんは三冠のノウハウを学んだんだろうね。話は変わるが、皐月賞で単勝が10倍以上だった三冠馬もオルフェのみ。オッズ的に見ても、当初は「三冠馬になるイメージが一番なかった三冠馬」。逆にディープインパクトは全レースにおける単勝最高配当が１３０円。単勝を買い続けても利益はほぼなし。

緒方：若駒Sの信じられない圧勝で、元から注目度は凄かったですしね。

小田：オルフェーヴルの皐月賞では3番人気のベルシャザールを本命にしました。前走のスプリングSは2着でしたが、皐月賞で負けて人気を落としたダービーで3着でした。

小川：ダービー・神戸新聞杯・菊花賞と2着が同じウインバリアシオン。相手が弱かった、なんて見方をする人もいました。

もしも歴代三冠馬がダート戦を戦ったなら？

小田：世代的には決して弱くなかった気がします。短距離ではロードカナロアがおり、ダービーの翌週に行われた安田記念はリアルインパクトが優勝。2頭で何度もワンツーフィニッシュしており、一度くらいウインが勝つかな、と見ていました。

緒方：他の世代と戦ってもオルフェーヴルが突出して強かったのは凄い点だと思います。ラストラン有馬記念のあの内容は衝撃的でした。2着にウインバリアシオンが食い込んだのも、胸が熱くなりました。

小川：雨中のダービーでの勝ち方も印象的だよね。2分30秒ぐらいだっけ。

小田：走法はピッチでしたね。ドリームジャーニーほどチャキチャキ走ってないですけど、回転力があり、ロンシャンでもああいう馬場を問題なく走れたのか、と想像しています。

小川：パドックでの印象は、強い感じはしなかったけど、小田さんはどうでした？

小田：ダービーを見て強いなと思ってからは、逆にオーラを感じるようになり…。前走との比較で見ると悪くない、みたいな感を受けました。

小川：天皇賞・春の惨敗は何が原因だったのだろうなぁ。

小田：レース前の状態はよくなかったです。敗因として挙げられるのは京都の芝が硬く特殊な馬場で、下を気にしていたのか、と。150億円がパーだと言われましたが、次走の宝塚記念を勝ったのも印象的でした。

緒方：半年後に凱旋門賞で勝ちそうになるって素晴らしいですよね。重馬場で2分37秒という流れに乗れて。

小田：守備範囲は広く、どんな流れにも対応できる。時計は速くても遅くても対応できますし、歴代三冠馬がダートで走ったら、一番強い馬はオルフェーヴルでしょうね。

最高の相性を示した「ステイ×マック」

小川：全兄ドリームジャーニーの好走もオルフェーヴルの誕生に結びついています。

小田：ドリームジャーニーが極端な競馬をしていたのは、かかる不安が常にあり、好位置から切れ味を活かしたかったからかなと。池添騎手は同馬を上手に乗っています。三冠達成を後押ししましたね。

緒方：通常はかかると潰れますが、ギリギリのところで上手に乗っているんですよね。

小川：凄い不思議なのがね、人間って、生まれてから父母の接し方で性格の土壌ができるじゃないですか。5歳ぐらいまでに。それが競馬にはあまりなく…。生まれてすぐに母と離れるし。父からは100%遺伝でしょうね。

緒方：性格が似る馬っていますからね。ただ僕は、人間も競走馬のように小さいうちから親元を離れて同条件で育てるようにしたら、最終的な性格の差分は遺伝的要素が大きくなると思います。

小田：長距離で能力を発揮するのは遺伝が大きいかもしれません。父ステイゴールドは有馬記念3着、メジロマックイーンは菊花賞を勝ち有馬記念2着、同馬の兄メジロデュレンは菊花賞と有馬記念の優勝馬。母父父メジロティターンは3200mの天皇賞・秋を優勝、その父メジロアサマも天皇賞・秋を勝って有馬記念2着。またメジロマックイーンの母父リマンドは、ミスターシービーの皐月賞とダービーで2着だったメジロモンスニーを出していますしね。

小川：懐かしい(笑)。父も母父も皐月賞とダービーに出ず、菊花賞が初GⅠ。奥手同士の配合にもかかわらず、オルフェ・ゴルシ・ドリジャのGⅠ馬3頭とも早い時期に活躍している。これも不可思議。

緒方：血統をたどっていくとメジロの名前が多い。これもいいですね。

小川：ステイゴールドは引退レースの香港ヴァーズを勝つけれど、目黒記念を勝つまでは「惜敗馬」。

緒方：いつもゴール前でモタれちゃって…。

小川：種牡馬になった時も、ここまでの活躍は期待されてなかったよね。

小田：サンデー産駒の中でも、当時の種牡馬としての価値は決して上ではなかったですね。それなのに、あれだけ活躍馬を出すとは。

緒方：メジロマックイーン産駒も、重賞で7勝を挙げていますが、GⅠ勝利はありません。重賞ウイナーはホクトスルタン、ヤマニンメルベイユ、タイムフェアレディ、エイダイクイン、ディアジーナの5頭。

小川：やはりステイゴールドとの相性かな。

緒方：気性の荒い産駒の活躍もおもしろいですよね。ただ現役を終えると気性も緩やかになるのかなと。今年ゴールドシップに会いに行きましたが、めちゃくちゃ元気で、噛まれもせず、あくびをしていました。

小川：オルフェーヴルとゴールドシップはともにやんちゃだけど、気性の違いもおもしろいよね。ゴールドシップは「気分屋」。

小田：オルフェーヴルは自分の快や不快がレースに出たような気がしますね。そもそも人を乗せて走るのも嫌だ、ぐらいの気持ちがあったのかも。

小川：重賞で騎手を何回も振り落とす名馬ってほかにいないしね。そういう意味では貴重だなぁ。

5歳でGⅠを勝利した三冠馬は、オルフェーヴルのみ

緒方：阪神大賞典の逸脱は、競馬サークルで話題になっていました?

小田：栗東ではなっていました。

小川：故障したのか、と感じたし。あの要因はな

んだったのかな？

緒方：池江師いわく、元々は後ろでのレースを教えていたのが、凱旋門賞を目指すにあたり、前の競馬をやらせようとしたことが原因とのことでした。ただ、関係者の方々にお話を聞いていくと、かなり複合的な要因みたいですね。

小田：恥ずかしいんですけど、前の日、オルフェは絶対勝てる、オルフェで鉄板だと書いてしまいました。あの結果で凱旋門も白紙になり、さらにその1面を自分が担当することになったのが辛かったですね。調教再審査を取材しましたが、ダートをきっちり走っていました。

小川：三冠馬として競馬界でヒーロー中のヒーローだけど、ディープインパクトやオグリキャップと違って国民的なヒーローではなかった気がするんだ。

緒方：凱旋門賞ではディープより上の着順ですし、僕の感覚では十分に国民的なヒーローです。この違いはハマっていた世代によるかもしれません。

オルフェのベストレース＆史上最強馬

小田：ソレミアに負けたけど、凱旋門賞は同馬のベストレースと言えるかもしれません。あの時、僕は公開パブリックビューイングに出演していました。たくさんの人が来ていて、来場者ともども「勝った！」と叫びました。歓声がピークに達した直後、ペリエに差されてしまい…。

小川：あれもオルフェの癖なのかなぁ。ジャパンCもそうだけど、ゴール前の接戦で敗れてしまったし。

小田：ステイゴールドもゴール前の接戦で負けちゃうケースがありましたしね。

小川：あと、オルフェーヴルは勝ったり負けたりするようなライバルがいなかった。そういう意味ではディープインパクトと似ている。2頭はどちらが強かったかな。

緒方：難しいですね。馬場などの状況もあるだろうし。時計がかかればオルフェーヴルかなぁ。ちなみに今まで見てきた馬で一番強いと思う馬はどの馬ですか？

小川：僕はイクイノックス。

小田：僕はずっとルドルフ。最後の有馬記念もそうですし、セントライト記念も日経賞も追わないで勝っている。

緒方：僕はドウデュースかオルフェーヴル。どちらも走り方がカッコいいんですよね。

小川：オルフェーヴルのベストレースはやっぱり凱旋門賞かな。

緒方：マニアは阪神大賞典（笑）。

小川：そしてラストランの有馬記念。この3レースのどれかかなぁ。歴代三冠馬のうち、5歳でGIを勝ったのはオルフェーヴルだけだし。

小田：三冠馬を含めたGI馬の現役時代が短いのは、種牡馬としての価値を下げる走りをする前に引退させたいという意図もあります。コントレイルもディープインパクトも、古くはシンボリルドルフも。

小川：その意味でも、オルフェーヴルは特別な三冠馬だよね。

緒方：その視点においても、凄い存在ですね。唯一無二の伝説の名馬ですし、その血を広げられるような大物産駒を出して欲しいです。凱旋門賞制覇の夢を託します！

おわりに

オグリキャップ、トウカイテイオー、シンボリクリスエス、ディープインパクト、ジェンティルドンナ、キタサンブラック、リスグラシュー、そしてオルフェーヴル。

以上の馬の共通点は「ラストランの有馬記念を勝った馬」（グレード制導入後）です。

もし、これらの馬が一緒に走ったら「どの馬が強かったかな」と想像してしまいます。

ＧⅠ勝利ではディープインパクトとジェンティルドンナが7勝でオルフェは6勝。2着との着差はシンボリクリスエスが9馬身でオルフェは8馬身。

実績ではナンバー2的な存在ですが、その能力は凄いと思えてなりません。

阪神大賞典の逸走から天皇賞の惨敗は「二度目の挫折」で今も語り種《ぐさ》ですが、次走の宝塚記念で体調を取り戻すと、凱旋門賞のゴール前で日本中を熱くさせました。

史上二度目の三冠馬対決となったジャパンCは、敗れたものの、格闘技のようなレース内容は今も脳裏に刻まれています。

ラストランの有馬記念ではぶっちぎりの優勝。場内を熱狂させたオグリキャップ＆トウカイテイオーのような復活劇ではなかったですが、残り100mを切ってからの大歓声は今も鮮明に記憶しており「翌年も現役を続けられた」と感じました。

馬体重は450キロ前後にもかかわらず、抜群のスタミナ&瞬発力。良・稍重・重・不良で勝利があるなど、どんな条件もこなしました。ちなみにGI6勝以上馬で、4つの馬場で勝った馬はシンボリルドルフとオルフェーヴルの2頭のみ。ダート戦は走らなかったですが、ジャパンCダートも優勝したと想像できます。

5月生まれでもあり、重賞初勝利はデビュー6戦目でしたが、以降15戦して連対を外したのは一度のみ。

「遅咲きの星」こそオルフェーヴルです。

競馬とは、明確な答えが存在しない競技です。だからこそ不可思議であり、その神秘性にファンは興味を持つのです。

競馬を学び続けるほど、生きる活力=競馬となります。死ぬまで競馬を続けたい、と思ってやみません。

小川隆行

執筆者紹介（五十音順）

安藤康之　あんどう・やすゆき
ダビスタから競馬にハマって、競馬歴は20年オーバー。最初の競馬予想は1993年の有馬記念でトウカイテイオーに◎。

緒方きしん　おがた・きしん
札幌出身の競馬ライター、競馬編集者。「ウマフリ」代表をつとめる。「netkeiba」「JRA－VAN」『競馬の天才！』などに寄稿。

小川隆行　おがわ・たかゆき
1966年千葉県生まれ。牡59。ライター＆編集者。中山競馬場の近くで生まれ育ち、高校時代にミスターシービーの皐月賞を目にして熱狂的な競馬ファンに。

織田茂典　おだ・しげのり
一口馬主となり10年以上が経過。購入馬のうち、利益を得てくれたのはウインバリアシオンのみ。「第二のバリアシオン」を購入したく毎年研究中。

小田哲也　おだ・てつや
スポーツニッポン新聞社記者。コラム「万哲の乱」担当。〝万哲〟として親しまれ、数々の万馬券を的中させてきた。

勝木淳　かつき・あつし
競馬ライター。優駿エッセイ賞2016グランプリ受賞。競馬コラムサイト「ウマフリ」「SPAIA」競馬雑誌『優駿』などに寄稿。Yahoo! ニュース個人オーサー。

栗山求　くりやま・もとむ
血統評論家。1997年に競馬通信社を退社後、フリーランスの血統評論家として様々な雑誌・書籍に寄稿している。

齋藤翔人　さいとう・とびと
大学卒業後サラリーマン生活を送るも、競馬に関わる仕事がしたいと脱サラ。競馬コラムサイト「ウマフリ」で重賞回顧を連載中。

治郎丸敬之　じろうまる・たかゆき
新しい競馬の雑誌『ROUNDERS』編集長。単なる馬券検討ではなく、競馬の持つ様々な魅力を広く伝えることがモットー。

手塚瞳　てづか・ひとみ
東京都在住。慶大卒。Gallop エッセー大賞受賞後、競馬や推し活について執筆。日本インタビュアー協会認定インタビュアー。

福嶌弘　ふくしま・ひろし
1986年生まれ。父の影響で競馬に興味を持ち、小学生の頃に見たスペシャルウィークに惹かれて以来、競馬にのめり込む毎日を過ごすように。

山本和夫　やまもと・かずお
1951年生まれ。競馬を好きになり60年以上が経過。毎週メインレースに金をつぎ込み、負けた金は生涯でウン千万円。

和田章郎　わだ・あきお
1961年生まれ。大学卒業後に中央競馬専門紙ケイバブックに入社。「競馬こそ究極のエンターテインメント」がモットー。

オルフェーヴル伝説《でんせつ》 世界《せかい》を驚《おどろ》かせた金色《きんいろ》の暴君《ぼうくん》

二〇二五年 二 月一七日 第 一 刷発行

編著者 小《お》川《がわ》隆行《たかゆき》＋ウマフリ

発行者 太田《おおた》克史《かつし》

編集担当 持丸《もちまる》剛《つよし》

発行所 株式会社星海社
〒一一二-〇〇一三
東京都文京区音羽一-一七-一四 音羽YKビル四階
電話 〇三-六九〇二-一七三〇
FAX 〇三-六九〇二-一七三一
https://www.seikaisha.co.jp

発売元 株式会社講談社
〒一一二-八〇〇一
東京都文京区音羽二-一二-二一
(販売)〇三-五三九五-五八一七
(業務)〇三-五三九五-三六一五

印刷所 TOPPAN株式会社

製本所 株式会社国宝社

アートディレクター 吉岡《よしおか》秀典《ひでのり》(セプテンバーカウボーイ)

デザイナー 榎本《えのもと》美香《みか》

フォントディレクター 紺野《こんの》慎一《しんいち》

校閲 鷗来堂《おうらいどう》

ISBN978-4-06-538650-7
Printed in Japan

327

SEIKAISHA SHINSHO

261

ゴールドシップ伝説

愛さずにいられない反逆児

小川隆行　ウマフリ

気分が乗れば敵なし！　「芦毛伝説の継承者」

常識はずれの位置からのロングスパートで途轍もなく強い勝ち方をするかと思えば、まったく走る気を見せずに大惨敗。気性の激しさからくる好凡走を繰り返す。かつてこんな名馬がいただろうか。「今日はゲートを出るのか、出ないのか」「来るのか、来ないのか」「愛せるのか、愛せないのか」……。気がつけば稀代のクセ馬から目を逸らせられなくなったわれわれがいる。度肝を抜く豪脚を見せた大一番から、歓声が悲鳴に変わった迷勝負、同時代のライバルや一族の名馬、当時を知る関係者・専門家が語る伝説のパフォーマンスの背景まで。気分が乗ればもはや敵なし！　芦毛伝説を継承する超個性派が見せた夢の航路をたどる。

310

アイドルホース列伝 超 1949-2024

小川隆行 ウマフリ

永遠に色褪せない名馬たちの記憶

無傷の10連勝でダービーを制し、その17日後に急死した「幻の馬」トキノミノルから70余年。父譲りの美しい栗毛をなびかせ大レースに挑み続けたナリタトップロード、人気薄から何度も勝利を重ねた〝奇跡〟のステイヤー・ヒシミラクル、爆発的な末脚で二冠を達成して引退すると、わずか5年の種牡馬生活で活躍馬を輩出、早すぎる死が惜しまれるドゥラメンテ、世界ランク1位を獲得した新時代の史上最強馬イクイノックス、名手との絆で不運と挫折を乗り越えた現役トップのドウデュースなど。昭和の名馬から現役世代まで、時代を超えて愛される156頭の名馬たちの蹄跡をこの1冊に！

次世代による次世代のための

武器としての教養
星海社新書

星海社新書は、困難な時代にあっても前向きに自分の人生を切り開いていこうとする次世代の人間に向けて、ここに創刊いたします。本の力を思いきり信じて、みなさんと一緒に新しい時代の新しい価値観を創っていきたい。若い力で、世界を変えていきたいのです。

本には、その力があります。読者であるあなたが、そこから何かを読み取り、それを自らの血肉にすることができれば、一冊の本の存在によって、あなたの人生は一瞬にして変わってしまうでしょう。思考が変われば行動が変わり、行動が変われば生き方が変わります。著者をはじめ、本作りに関わる多くの人の想いがそのまま形となった、文化的遺伝子としての本には、大げさではなく、それだけの力が宿っていると思うのです。

沈下していく地盤の上で、他のみんなと一緒に身動きが取れないまま、大きな穴へと落ちていくのか？　それとも、重力に逆らって立ち上がり、前を向いて最前線で戦っていくことを選ぶのか？

星海社新書の目的は、戦うことを選んだ次世代の仲間たちに「武器としての教養」をくばることです。知的好奇心を満たすだけでなく、自らの力で未来を切り開いていくための〝武器〟としても使える知のかたちを、シリーズとしてまとめていきたいと思います。

2011年9月

星海社新書初代編集長　柿内芳文

SEIKAISHA SHINSHO